A TELJES HANNUKA ÜNNEPI SAKÁSKÖNYV

Ünnepi szakácskönyv a Fényfesztivál megünnepléséhez. 100 finom recept hagyományos és modern hannukah ételekhez, harapnivalókhoz és desszertekhez

Aranka Pásztor

Copyright Anyag ©2023

Minden jog fenntartva

A kiadó és a szerzői jog tulajdonosának megfelelő írásos beleegyezése nélkül ez a könyv semmilyen módon, formában vagy formában nem használható vagy terjeszthető, kivéve az ismertetőben használt rövid idézeteket. Ez a könyv nem helyettesítheti az orvosi, jogi vagy egyéb szakmai tanácsokat.

TARTALOMJEGYZÉK

TARTALOMJEGYZÉK **3**
BEVEZETÉS **6**
  1. Almás cipótorta 7
  2. Marhahús és káposzta vacsorára 9
  3. Brokkolis rizs rakott 11
  4. Vöröslencse Latkes 13
  5. Spenótos burgonyás palacsinta 15
  6. Teljes kiőrlésű fokhagymás kenyérrudak 17
  7. Hannukah hagymakarikák 19
  8. Házi tejföl 21
  9. Narancs-zsályás olívaolajos torta 23
  10. Egyszerű Sufganiyot 25
  11. Hannukah Gelt Caramel 27
  12. Sült spenót és sajt 29
  13. Mentás sütemény 31
  14. Sült édesburgonya és friss füge 33
  15. Na'ama kövér 36
  16. Babaspenót saláta datolyával és mandulával 38
  17. Sült padlizsán sült hagymával 40
  18. Sült vajtök za'atarral 43
  19. Fava Bean Kuku 45
  20. Nyers articsóka és gyógynövény saláta 48
  21. Vegyes babsaláta 50
  22. Citromos póréhagymás fasírt 53
  23. Hannukah karalábé saláta 56
  24. Gyökérzöldség saláta labneh-val 58
  25. Fokhagymás sült paradicsom 60
  26. Püré répa joghurttal és za'atarral 62
  27. Svájci mángold rántott 64
  28. Fűszeres csicseriborsó és zöldségsaláta 66
  29. Chermoula padlizsán bulgurral és joghurttal 69
  30. Sült karfiol tahinival 72
  31. Sült karfiol és mogyoró saláta 75
  32. A'ja (kenyérrettek) 77
  33. Fűszeres sárgarépa saláta 79
  34. Hannukah Shakshuka 81
  35. Butternut Squash & Tahini Spread 83
  36. Fűszeres répa, póréhagyma és dió saláta 85
  37. Elszenesedett Okra paradicsommal 88
  38. Égetett padlizsán gránátalma magokkal 90

39. Petrezselymes és árpa saláta 93
40. Vaskos cukkini és paradicsom saláta 95
41. Tabbouleh 98
42. Sült burgonya karamellel és aszalt szilvával 101
43. Svájci mángold tahinival, joghurttal és vajas fenyőmaggal 104
44. Hannukah Sabih 107
45. Latkes 110
46. Hannukah Falafel 112
47. Búzabogyók és mángold gránátalma melaszokkal 115
48. Hannukah Balilah 117
49. Basmati rizs és orzo 119
50. Sáfrány rizs borbolával, pisztáciával és vegyes fűszernövényekkel 121
51. Basmati és vadrizs csicseriborsóval, ribizlivel és fűszernövényekkel . 124
52. Árpa rizottó pácolt fetával 127
53. Conchiglie joghurttal, borsóval és Chilével 130
54. Mejadra 132
55. Hannukah Maqluba 135
56. Kuszkusz paradicsommal és hagymával 139
57. Vízitorma és csicseriborsó leves rózsavízzel 142
58. Forró joghurt- és árpaleves 145
59. Cannellini bableves és bárányhúsleves 147
60. Tenger gyümölcsei és édeskömény leves 150
61. Pisztácia leves 153
62. Égetett padlizsán és mograbieh leves 156
63. Paradicsom-kovászleves 159
64. Tiszta csirkeleves knaidlach-al 161
65. Fűszeres freekeh leves fasírttal 164
66. Báránytöltött birsalma gránátalmával és korianderrel 167
67. Fehérrépa-borjútorta 170
68. Hannuka Töltött hagyma 173
69. Hannukah Open Kibbeh 176
70. Kubbeh hamusta 179
71. Töltött római paprika 183
72. Töltött padlizsán bárány- és fenyőmaggal 186
73. Töltött burgonya 189
74. Töltött articsóka borsóval és kaporral 192
75. Sült csirke csicsókával 195
76. Buggyantott csirke freekeh-vel 197
77. Csirke hagymás és kardamomos rizzsel 200
78. Vágott máj 203
79. Sáfrányos csirke és gyógynövény saláta 206
80. Hannukah Chicken sofrito 209

81. Hannukah Kofta B'siniyah 212
82. Marhahúsgombóc Fava babbal és citrommal 215
83. Bárányhúsgombóc borbolával, joghurttal és fűszernövényekkel 218
84. Pulyka és cukkinis burgerek zöldhagymával és köménnyel 221
85. Polpettone 224
86. Párolt tojás bárányhússal, tahinivel és szumákkal 228
87. Lassan főtt borjúhús aszalt szilvával és póréhagymával 231
88. Hannukah Lamb shawarma 234
89. Panfried Sea Bass Harissa & Rose-val 237
90. Hal és kapribogyó kebab égetett padlizsánnal és citromos savanyúsággal 240
91. Sült makréla aranyrépa és narancs salsával 243
92. Tőkehal sütemények paradicsomszószban 246
93. Grillezett halnyárs hawayejjel és petrezselyemmel 249
94. Fricassee saláta 252
95. Garnélarák, fésűkagyló és kagyló paradicsommal és fetával 255
96. Lazacsteak Chraimeh szószban 258
97. Pácolt Sweet & Sour Fish 261
98. Pirospaprika és sült tojásgalette 264
99. Hannuka tégla 267
100. Sfiha vagy Lahm Bi'ajeen 269

KÖVETKEZTETÉS 272

BEVEZETÉS

Üdvözöljük a A TELJES HANNUKA ÜNNEPI SAKÁSKÖNYV című könyvben, a Fények Fesztivál ünneplésének tökéletes szakácskönyvében! A Hannuka a család, a barátok és az ízletes ételek ideje, és ebben a szakácskönyvben minden megtalálható, amire szüksége van ahhoz, hogy emlékezetes ételeket és finomságokat készítsen, amelyek örömet okoznak szeretteinek.

Ebben a szakácskönyvben a hagyományos és modern Hannukah receptek széles választékát találja meg, a klasszikus latke-tól és szegytől a hagyományos kedvencek, például a sufganiyot (zselés fánk) és a challah kreatív fordulataiig. Akár tapasztalt szakács, akár kezdő a konyhában, ezek a receptek könnyen követhetők, és segítenek olyan finom Hannukah ételek, harapnivalók és desszertek elkészítésében, amelyeket mindenki imádni fog.

A Hannuka öröme azonban több, mint egy szakácskönyv – a zsidó kultúra és hagyományok ünnepe. A könyv során megismerheti Hannuka történetét és jelentőségét, valamint azokat a történeteket és hagyományokat, amelyek különlegessé teszik ezt az ünnepet.

Tehát akár ihletet keres Hannuka menüjéhez, akár egyszerűen csak szeretne többet megtudni erről a szeretett ünnepről, a A TELJES HANNUKA ÜNNEPI SAKÁSKÖNYV tökéletes társ. Főzzünk és ünnepeljük stílusosan a Fényfesztivált!

Hannuka, Fények Fesztiválja, szakácskönyv, hagyományos, modern, receptek, latkes, szegy, sufganiyot, challah, zsidó kultúra, hagyomány, ünnep, menü, inspiráció, ünneplés..

1. Almás cipótorta

Kitermelés: 16 adag

ÖSSZETEVŐK
- 1/2 csésze dió (apróra vágva)
- 1 1/2 csésze almaszósz
- 1 tojás
- 1 csésze cukor
- 2 evőkanál olaj
- 1 teáskanál vanília kivonat
- 2 csésze liszt (minden célra)
- 2 teáskanál szódabikarbóna
- 1/2 teáskanál fahéj (őrölt)
- 1/2 teáskanál szerecsendió (őrölt)
- 1 csésze mazsola

UTASÍTÁS
a) Jól mosson kezet szappannal és meleg vízzel.
b) A sütőt előmelegítjük 350 fokra. Zsírozzon ki 2 (8x4x2 hüvelykes) cipóformát.
c) Pirítsuk meg a diót egy kiolajozott serpenyőben. Közepes-alacsony lángon melegítés közben 5-7 percig keverjük. Akkor kész, amikor barnák és diós illatúak. Tedd félre hűlni.
d) Keverjük össze az almaszószt, a tojást, a cukrot, az olajat és a vaníliát egy nagy tálban.
e) Egy kisebb tálban keverjük össze a lisztet, a szódabikarbónát, a fahéjat és a szerecsendiót.
f) Öntsük a lisztes keveréket az almaszós keverékbe.
g) Hozzákeverjük a mazsolát és a kihűlt pirított diót.
h) A tészta felét öntsük minden kivajazott tepsibe. 45-55 percig sütjük.
i) Vegye ki a süteményeket a sütőből. 10 percig hűtjük. Vegye ki a serpenyőkből a hűtés befejezéséhez. A legjobb íz érdekében tálalás előtt hagyja hűlni a süteményeket néhány órával.

2. Vacsorára marhahús és káposzta

Kitermelés: 4 adag

ÖSSZETEVŐK

- 1 fej zöld káposzta (megmosva és falatnyi darabokra vágva)
- 1 közepes hagyma (apróra vágva)
- 1 font sovány darált marhahús (15% zsír)
- tapadásmentes főző spray
- 1 teáskanál fokhagyma por
- 1/4 teáskanál fekete bors
- só (ízlés szerint, opcionális)
- pirospaprika pehely (ízlés szerint, opcionális)

UTASÍTÁS

a) A káposztát és a hagymát felaprítjuk, félretesszük.
b) Egy nagy serpenyőben a darált marhahúst közepes lángon barnára főzzük. Lecsepegtetjük a zsírt. Tedd félre a marhahúst.
c) Fújja be a serpenyőt tapadásmentes főzőpermettel. A hagymát közepes lángon puhára főzzük.
d) Adjuk hozzá a káposztát a hagymához, és főzzük, amíg a káposzta barnulni kezd.
e) Keverje hozzá a marhahúst a káposzta-hagymás keverékhez.
f) Fokhagymaporral, sóval (opcionális) és borssal ízesítjük. Adjunk hozzá pirospaprika pehelyet (opcionális) a káposztához, ha csípősen szeretjük.

3. Brokkolis rizs rakott

Kitermelés: 12 adag

ÖSSZETEVŐK

- 1 1/2 csésze rizs
- 3 1/2 csésze víz
- 1 hagyma (közepes, apróra vágva)
- 1 doboz gomba-, csirke-, vagy zeller- vagy sajtleves (10 3/4 uncia, sűrítve)
- 1 1/2 csésze tej (1%)
- 20 uncia brokkoli vagy karfiol vagy vegyes zöldség (fagyasztott, apróra vágott)
- 1/2 font sajt (reszelve vagy szeletelve)
- 3 evőkanál magarin (vagy vaj)

UTASÍTÁS

a) Melegítse elő a sütőt 350 fokra, és kenje ki a 12x9x2 hüvelykes tepsit.
b) Egy serpenyőben keverjük össze a rizst, a sót és 3 csésze vizet, majd forraljuk fel.
c) Fedjük le és pároljuk 15 percig. Vegyük le a serpenyőt a tűzről, és tegyük félre további 15 percre.
d) A hagymát margarinon (vagy vajban) puhára pároljuk.
e) Keverje össze a levest, a tejet, 1/2 csésze vizet, a hagymát és a rizst. Spoon keveréket tepsibe.
f) A zöldségeket felolvasztjuk és lecsepegtetjük, majd rákenjük a rizses keverékre.
g) A sajtot egyenletesen elosztjuk a tetején, és 350 fokon 25-30 percig sütjük, amíg a sajt megolvad és a rizs habosodik.

4. Vörös Lencse Latkes

Kitermelés: 4 adag

ÖSSZETEVŐK

- 1/2 csésze száraz vöröslencse
- 1 burgonya, közepesen reszelt (kb. 1/2 font, a hámozás nem kötelező)
- 1 nagy tojás
- 1 gerezd fokhagyma, finomra szeletelve
- 2 evőkanál parmezán sajt, reszelt vagy más sajt
- 1 csipet csípős szósz (1-2 csepp, opcionális)
- 1/4 teáskanál só
- fekete bors (ízlés szerint, opcionális)
- 2 evőkanál repceolaj (vagy olívaolaj, főzéshez)

UTASÍTÁS

a) Adja hozzá a lencsét egy közepes serpenyőbe, és adjon hozzá vizet, hogy körülbelül egy hüvelyknyire ellepje. Forraljuk fel, majd lassú tűzön főzzük puhára, körülbelül 15 percig. Lecsepegtetjük és félretesszük.

b) Közben távolítsd el a felesleges vizet a burgonyáról: vagy marékkal kinyomkodhatod, vagy az egész kupacot egy tiszta konyharuhára tedd és csavard ki.

c) Egy közepes tálban felütjük a tojást, és enyhén felverjük. Adja hozzá a burgonyát, a főtt lencsét, a fokhagymát, a zöldhagymát és a sajtot és a forró szószt, ha közepes tálban használja. Adjuk hozzá a sót és egy jó őrölt fekete borsot, majd keverjük össze.

d) Melegíts fel egy nagy serpenyőt közepes lángon, majd adj hozzá egy bő olajat (1-2 evőkanál). Tételekben dolgozva, hogy ne zsúfolja össze a serpenyőt, adjon hozzá csomókat a burgonya-lencse keverékből (kb golflabda méretű vagy valamivel nagyobb jól működik), és amint a serpenyőben van, simítsa el mindegyiket úgy, hogy kb. fél hüvelyk vastag.

e) Körülbelül 4-5 percig sütjük oldalanként, amíg a tejszínek mélyen aranybarnák és átsülnek. Minden további adaghoz adjon még egy kis olajat a serpenyőbe. Azonnal tálaljuk, vagy tartsuk melegen 200°F-os sütőben akár egy órán keresztül.

5. Spenótos burgonyás palacsinta

Kitermelés: 4 adag

ÖSSZETEVŐK

- 2 csésze cukkini, felaprítva
- 1 közepes burgonya (hámozva és felaprítva)
- 1/4 csésze hagyma, apróra vágva
- 1/4 teáskanál só
- 1/4 csésze teljes kiőrlésű liszt
- 1 1/2 csésze spenót, apróra vágva és párolva
- 1/2 teáskanál bors
- 1/4 teáskanál őrölt szerecsendió
- 1 tojás, felvert
- almaszósz (opcionális)

UTASÍTÁS

a) Keverje össze az első nyolc hozzávalót egy tálban.
b) Hozzákeverjük a tojást és jól összekeverjük.
c) A tésztát 1/4 csészével csepegtessük egy jól kiolajozott forró rácsra, és simítsuk el, hogy pogácsákat formáljunk.
d) Aranybarnára sütjük; megfordítjuk és addig sütjük, amíg a második oldal is enyhén megpirul. Papírtörlőn lecsepegtetjük, és ha szükséges, almával tálaljuk.

6. Teljes kiőrlésű fokhagymás kenyérrudak

Kitermelés: 6 adag

ÖSSZETEVŐK:
- 6 szelet kenyér (100% teljes kiőrlésű)
- 2 evőkanál olívaolaj
- 1/2 teáskanál fokhagyma por
- 1 olasz ételízesítő (szükség szerint megszórjuk)

UTASÍTÁS

a) Minden szelet kenyeret megkenünk egy teáskanál olajjal.
b) Megszórjuk fokhagymaporral és olasz fűszerezéssel.
c) A kenyeret egymásra rakjuk, és minden szeletet 3 egyenlő részre vágunk.
d) Süssük 300 fokon körülbelül 25 percig, vagy amíg ropogós és enyhén megpirul.

7. Hannukah hagymagyűrűk

ÖSSZETEVŐK:
- 3 nagy hagyma
- 1 csésze kukoricadara
- 1 csésze liszt
- 2 teáskanál só
- 1 csésze joghurt
- 1 csésze tej
- Őrölt bors
- Olaj a sütéshez

UTASÍTÁS

a) Egy nagy fazékban hevíts fel körülbelül ¾" olajat 350 °F-ra. Egy kis tálban keverd össze a tejet és a joghurtot. Egy másik tálban keverjük össze a kukoricalisztet, a lisztet, a sót és a borsot.
b) A hagymát szeleteljük fel, és válasszuk szét a karikákat. Áztassa a karikákat a tej-joghurtos keverékbe néhány percre.
c) Ezután mindkét oldalát átfújjuk a lisztes keveréken, és fogókkal karikákat helyezünk az olajba. A karikákat addig sütjük, amíg aranybarnák nem lesznek.
d) Papírtörlőre szedjük és 200 fokos sütőben melegen tartjuk.

8. Házi tejföl

ÖSSZETEVŐK:
- ¼ csésze tej
- 1 csésze nehéz tejszín
- ¾ teáskanál desztillált fehér ecet

UTASÍTÁS

a) Keverjük össze a tejet és az ecetet, és hagyjuk állni 10 percig. A nehéz tejszínt egy üvegbe öntjük.
b) Keverje hozzá a tejes keveréket, fedje le az üveget, és hagyja szobahőmérsékleten 24 órán át állni.
c) Használat előtt hűtsük le.

9. Narancs-zsályás olívaolajos torta

ÖSSZETEVŐK:
TORTA:
- 4 tojás
- 1 csésze cukor
- ½ csésze extra szűz olívaolaj
- ¼ csésze narancslé
- 2 evőkanál narancshéj
- 1 evőkanál finomra vágott friss zsálya
- 1 ½ csésze univerzális liszt
- 1 evőkanál sütőpor
- ½ teáskanál só
- ½ teáskanál fahéj

NARANCS MÁBOR:
- 1 csésze porcukor
- 2 evőkanál narancslé

UTASÍTÁS
a) Melegítse elő a sütőt 350 ° F-ra, és zsírozzon ki 1 nagy tepsit. Egy állványos mixerben keverjük habosra a tojásokat a cukorral 2 percig. Alacsony fokozaton járó mixer mellett csorgassuk bele az olívaolajat és a narancslevet. Hajtsa bele a narancshéjat és a zsályaleveleket.
b) Egy külön tálban keverjük össze a lisztet, a sütőport, a sót és a fahéjat.
c) Adja hozzá a száraz keveréket a nedveshez az állványmixerben, és keverje simára.
d) Öntsük a tésztát a tepsibe. 30-35 percig sütjük a tortát. Tedd félre a tortát 15 percre a tepsibe, majd tedd át egy rácsra, hogy teljesen kihűljön.
e) Egy keverőtálban habosra keverjük a porcukrot és a narancslevet. Amikor a torta kihűlt, meglocsoljuk a cukormázzal, és félretesszük, amíg a cukormáz meg nem áll.

10. **Egyszerű Sufganiyot**

ÖSSZETEVŐK:
- Egy tekercs bolti keksz tészta
- Repceolaj, sütéshez
- Kis tál cukor, fehér vagy porított
- ½ csésze lekvár olaj

UTASÍTÁS
a) A tésztát 20 percig szobahőmérsékleten állni hagyjuk, így könnyen kinyújtható.
b) Lisztezett felületen nyújtsuk ki a tésztát ½" vastagságúra. Vágjon ki 2 ½" vagy 3" köröket.
c) Tölts meg egy edényt 2" olajjal, és melegítsd fel 360°F-ra.
d) A tésztát addig sütjük, amíg minden oldala mélybarna nem lesz. Tesztelje meg az egyiket, hogy megbizonyosodjon arról, hogy a közepe nem tésztaszerű. Tegyük át a fánkokat papírtörlőre, töröljük le a felesleges zsírt, és kenjük be cukorral.
e) Töltsük meg lekvárral egy kinyomható üveg segítségével.

11. Hannukah Gelt Caramel

ÖSSZETEVŐK

- 3 csésze félédes csokoládé chips
- 1 doboz édesített sűrített tej
- 1 teáskanál vanília
- ¼ teáskanál só

UTASÍTÁS

a) A csokoládédarabkákat és a sűrített tejet egy tálban összekeverjük, és mikrohullámú sütőben 1 percig melegítjük.
b) Simára keverjük. Ha több időre van szükség, folytassa a melegítést mikrohullámú sütőben 10 másodperces lépésekben.
c) Adjunk hozzá vaníliát és sót, és keverjük össze. Viaszpapírral bélelt edénybe terítjük. Hűtőbe tesszük fél órára. A karámot tetszőleges formára vágjuk, és fóliába csomagoljuk.
d) Fogyasztásig hűtőbe tesszük.

12. Sült spenót és sajt

ÖSSZETEVŐK

- Tapadásmentes főző spray
- 2 egész tojás plusz 2 tojásfehérje
- ¾ csésze tej
- 3 szelet napos világos kenyér, kis háromszögekre vágva
- 1 csésze friss spenót, apróra vágva
- ½ csésze reszelt parmezán sajt

UTASÍTÁS

a) Melegítsük elő a sütőt 350°F-ra. Béleljünk ki egy 8"-es rugós tepsi alját sütőpapírral, és permetezzünk be tapadásmentes főzőpermetet. Egy közepes tálban verjük habosra a tojást és a fehérjét.
b) Adjuk hozzá a tejet, a spenótot és a sajtot. Keverjük össze. Öntsük az előkészített tepsibe.
c) Merítse a szárított kenyérháromszögeket a keverékbe. Miután bevontuk őket a keverékkel, emeljük fel minden darab egy-egy hegyét villával úgy, hogy a tetejükön kilógjanak.
d) Fedő nélkül süssük enyhén barnára, körülbelül 20-30 percig.
e) Kivesszük a sütőből és kihűtjük. Lazítsa meg a széleit úgy, hogy a külsejét egy késsel körbevágja. Kivesszük a serpenyőből, és hőálló tányérra tesszük.

13. Vajas mentás sütik

ÖSSZETEVŐK

- 1 csésze vaj, megpuhult
- ½ csésze cukrászcukor
- 1 ½ teáskanál borsmenta kivonat
- 1 ¾ csésze univerzális liszt
- Zöld színű cukor

UTASÍTÁS

a) Egy nagy tálban habosra keverjük a vajat és a cukrászati cukrot, amíg világos és bolyhos nem lesz. Beat a kivonatban. Fokozatosan adjuk hozzá a lisztet és jól keverjük össze. A tésztából evőkanálnyi golyókat formálunk.
b) Helyezze egymástól 1" távolságra a kiolajozott sütőlapokra; színes cukorba mártott pohárral lapítsuk el. Süssük 350 ° F-on 12-14 percig, vagy amíg meg nem szilárdul.
c) Rácsra szedjük kihűlni. Hozam: 3 tucat.

14. Sült édesburgonya és friss füge

Gyártmány: 4

ÖSSZETEVŐK

- 4 kis édesburgonya (összesen 2¼ font / 1 kg)
- 5 evőkanál olívaolaj
- 3 evőkanál / 40 ml balzsamecet (nem prémium érleltet használhatsz kereskedelmi forgalomban is)
- 1½ evőkanál / 20 g szuperfinom cukor
- 12 zöldhagyma, hosszában félbevágva, és 4 cm-es szeletekre vágva
- 1 piros chili, vékonyra szeletelve
- 6 érett füge (összesen 240 g), negyedelve
- 5 oz / 150 g puha kecsketej sajt (opcionális)
- Maldon tengeri só és frissen őrölt fekete bors

UTASÍTÁS

a) Melegítsük elő a sütőt 475°F / 240°C-ra.
b) Az édesburgonyát megmossuk, hosszában félbevágjuk, majd mindegyik felét ismét hasonlóan 3 hosszú szeletre vágjuk. Keverjük össze 3 evőkanál olívaolajjal, 2 teáskanál sóval és némi fekete borssal. A szeleteket bőrös felével lefelé terítsd ki egy tepsire, és süsd körülbelül 25 percig, amíg puha, de nem pépes lesz. A sütőből kivéve hagyjuk kihűlni.
c) A balzsamecetes redukcióhoz tegyük egy kis serpenyőbe a balzsamecetet és a cukrot. Forraljuk fel, majd csökkentsük a hőt, és főzzük 2-4 percig, amíg besűrűsödik. Ügyeljen arra, hogy vegye le a serpenyőt a tűzről, amikor az ecet még folyósabb, mint a méz; hűlés közben tovább fog sűrűsödni. Tálalás előtt keverjünk hozzá egy csepp vizet, ha túl sűrű lenne ahhoz, hogy csöpögjön.
d) Az édesburgonyát tálalótálra helyezzük. Melegítsük fel a maradék olajat egy közepes serpenyőben közepes lángon, és adjuk hozzá a zöldhagymát és a chilit. 4-5 percig sütjük, gyakran kevergetve, nehogy megégjen a chili. Az édesburgonyára kanalazzuk az olajat, a hagymát és a chilit. A fügét a szeletek közé pöttyentessük, majd a balzsamos redukcióra csepegtessük. Szobahőmérsékleten tálaljuk. A tetejére morzsoljuk a sajtot, ha használjuk.

15. **Na'ama kövér**

Gyártmány: 6

ÖSSZETEVŐK

- 1 csésze / 200 g görög joghurt és ¾ csésze plusz 2 evőkanál / 200 ml teljes tej, vagy 1⅔ csésze / 400 ml író (a joghurtot és a tejet is helyettesíti)
- 2 nagy, állott török lapos kenyér vagy naan (összesen 250 g)
- 3 nagy paradicsom (összesen 380 g), 1,5 cm-es kockákra vágva
- 3½ oz / 100 g retek, vékonyra szeletelve
- 3 libanoni vagy mini uborka (összesen 9 uncia / 250 g), meghámozva és 1,5 cm-es kockákra vágva
- 2 zöldhagyma, vékonyra szeletelve
- ½ oz / 15 g friss menta
- 1 uncia / 25 g lapos petrezselyem, durvára vágva
- 1 evőkanál szárított menta
- 2 gerezd fokhagyma, összetörve
- 3 evőkanál frissen facsart citromlé
- ¼ csésze / 60 ml olívaolaj, plusz plusz csepegtető
- 2 evőkanál almabor vagy fehérborecet
- ¾ teáskanál frissen őrölt fekete bors
- 1½ teáskanál só
- 1 evőkanál szömörce vagy több ízlés szerint, díszítéshez

UTASÍTÁS

a) Ha joghurtot és tejet használ, legalább 3 órával, de legfeljebb egy nappal korábban kezdje el úgy, hogy mindkettőt egy tálba helyezze. Jól kikeverjük, és hűvös helyen vagy hűtőben tesszük, amíg buborékok nem keletkeznek a felületén. Amit kapsz, az egyfajta házi író, de kevésbé savanyú.

b) A kenyeret falatnyi darabokra tépjük, és egy nagy keverőtálba tesszük. Adja hozzá a fermentált joghurtkeveréket vagy a kereskedelmi forgalomban kapható írót, majd a többi hozzávalót, keverje jól össze, és hagyja állni 10 percig, hogy az ízek összeérjenek.

c) A fatoush-ot tálalótálakba kanalazzuk, meglocsoljuk egy kis olívaolajjal, és bőségesen díszítjük szömörcével.

16. Bébi spenót saláta datolyával és mandulával

Gyártmány: 4

ÖSSZETEVŐK
- 1 evőkanál fehérborecet
- ½ közepes vöröshagyma, vékonyra szeletelve
- 3½ oz / 100 g kimagozott Medjool datolya, hosszában felnegyedelve
- 2 evőkanál / 30 g sótlan vaj
- 2 evőkanál olívaolaj
- 2 kis pita, körülbelül 3½ uncia / 100 g, nagyjából 1½ hüvelykes / 4 cm-es darabokra tépve
- ½ csésze / 75 g egész sózatlan mandula, durvára vágva
- 2 tk szömörce
- ½ teáskanál chili pehely
- 5 uncia / 150 g bébispenótlevél
- 2 evőkanál frissen facsart citromlé
- só

UTASÍTÁS
a) Tedd egy kis tálba az ecetet, a hagymát és a datolyát. Adjunk hozzá egy csipet sót, és jól keverjük össze a kezünkkel. Hagyja 20 percig pácolódni, majd engedje le a maradék ecetet, és dobja ki.
b) Közben a vajat és az olívaolaj felét egy közepes serpenyőben, közepes lángon felhevítjük. Adjuk hozzá a pitát és a mandulát, és főzzük 4-6 percig állandó keverés mellett, amíg a pita ropogós és aranybarna nem lesz. Vegyük le a tűzről, és keverjük össze a szömörcet, a chili pehelyt és a ¼ teáskanál sót. Tedd félre hűlni.
c) Amikor készen áll a tálalásra, dobja a spenótleveleket a pita keverékkel egy nagy keverőtálba. Adjuk hozzá a datolyát és a lilahagymát, a maradék olívaolajat, a citromlevet és még egy csipet sót. Kóstoljuk meg a fűszerezést, és azonnal tálaljuk.

17. Sült padlizsán sült hagymával

Gyártmány: 4

ÖSSZETEVŐK

- 2 nagy padlizsán, hosszában felezve, a szárral együtt (összesen kb. 1⅔ font / 750 g)
- ⅔ csésze / 150 ml olívaolaj
- 4 hagyma (összesen kb. 1¼ lb / 550 g), vékonyra szeletelve
- 1 ½ zöld chili
- 1½ teáskanál őrölt kömény
- 1 tk szömörce
- 1¾ oz / 50 g feta sajt, nagy darabokra törve
- 1 közepes citrom
- 1 gerezd fokhagyma, összetörve
- sót és frissen őrölt fekete borsot

UTASÍTÁS

a) Melegítsük elő a sütőt 425°F / 220°C-ra.
b) Minden padlizsán vágott oldalát keresztbe vágjuk. Kenje meg a vágott oldalát 6½ evőkanál / 100 ml olajjal, és szórja meg bőven sóval és borssal. Sütőpapíros tepsire tesszük, vágott oldalával felfelé, és körülbelül 45 percig sütjük a sütőben, amíg a hús aranybarna és teljesen meg nem sül.
c) Amíg a padlizsán sül, a maradék olajat egy nagy serpenyőbe öntjük, és magas lángon tesszük. Adjuk hozzá a hagymát és ½ teáskanál sót, és főzzük 8 percig, gyakran kevergetve, hogy a hagyma egyes részei igazán sötétek és ropogósak legyenek. Kimagozzuk és felaprítjuk a chilit úgy, hogy az egészet elkülönítsük a felétől. Adjuk hozzá az őrölt köményt, szömörcet és az egész apróra vágott chilit, és főzzük további 2 percig, mielőtt hozzáadnánk a fetát. Egy utolsó percig főzzük, nem sokat keverve, majd levesszük a tűzről.
d) Egy kis fogazott késsel távolítsa el a citrom héját és magját. Vágja durvára a húst, dobja ki a magokat, és tegye a húst és a levet egy tálba a maradék ½ chilivel és a fokhagymával.
e) Állítsa össze az edényt, amint a padlizsán készen áll. A megsült feleket tegyük egy tálba, és kanalazzuk a húsra citromszószt. A hagymát kissé felmelegítjük, és kanalazzuk. Tálaljuk melegen, vagy tegyük félre, hogy szobahőmérsékletű legyen.

18. Sült vaj tök za'atarral

Gyártmány: 4
ÖSSZETEVŐK
- 1 nagy vajtök (összesen 2½ font / 1,1 kg), ¾ x 2½ hüvelykes / 2 x 6 cm-es szeletekre vágva
- 2 vöröshagyma, 1¼ hüvelykes / 3 cm-es szeletekre vágva
- 3½ evőkanál / 50 ml olívaolaj
- 3½ evőkanál világos tahini paszta
- 1½ evőkanál citromlé
- 2 evőkanál víz
- 1 kis gerezd fokhagyma, összetörve
- 3½ evőkanál / 30 g fenyőmag
- 1 evőkanál za'atar
- 1 evőkanál durvára vágott lapos petrezselyem
- Maldon tengeri só és frissen őrölt fekete bors

UTASÍTÁS
a) Melegítsük elő a sütőt 475°F / 240°C-ra.
b) Tegye a tököt és a hagymát egy nagy keverőtálba, adjon hozzá 3 evőkanál olajat, 1 teáskanál sót és némi fekete borsot, és jól keverje össze. Sütőpapíros tepsire terítjük bőrrel lefelé, és a sütőben 30-40 percig sütjük, amíg a zöldségek színt kapnak, és átsülnek. Tartsa szemmel a hagymát, mert gyorsabban megsülhet, mint a tök, és korábban kell eltávolítani. Kivesszük a sütőből és hagyjuk kihűlni.
c) A szósz elkészítéséhez tegyük a tahinit egy kis tálba a citromlével, vízzel, fokhagymával és ¼ teáskanál sóval együtt. Addig keverjük, amíg a szósz méz állagú lesz, ha szükséges, adjunk hozzá még vizet vagy tahinit.
d) Öntse a maradék 1½ teáskanál olajat egy kis serpenyőbe, és tegye közepes-alacsony lángra. Adjuk hozzá a fenyőmagot ½ teáskanál sóval és főzzük 2 percig, gyakran kevergetve, amíg a dió aranybarna nem lesz. Vegyük le a tűzről, és tegyük át a diót és az olajat egy kis tálba, hogy leállítsuk a főzést.
e) Tálaláskor terítsük ki a zöldségeket egy nagy tálra, és csorgassuk rá a tahinit. A tetejére szórjuk a fenyőmagot és annak olaját, majd a za'atar-t és a petrezselymet.

19. Fava Bean Kuku

Gyártmány: 6

ÖSSZETEVŐK

- 1 font / 500 g fava bab, frissen vagy fagyasztva
- 5 evőkanál / 75 ml forrásban lévő víz
- 2 evőkanál szuperfinom cukor
- 5 evőkanál / 45 g szárított borbolya
- 3 evőkanál nehéz tejszín
- ¼ teáskanál sáfrányszál
- 2 evőkanál hideg víz
- 5 evőkanál olívaolaj
- 2 közepes hagyma, apróra vágva
- 4 gerezd fokhagyma, zúzott
- 7 nagy szabadtartású tojás
- 1 evőkanál univerzális liszt
- ½ teáskanál sütőpor
- 1 csésze / 30 g kapor, apróra vágva
- ½ csésze / 15 g menta, apróra vágva
- sót és frissen őrölt fekete borsot

UTASÍTÁS

a) Melegítsük elő a sütőt 350°F / 180°C-ra. Tegye a fava babot egy serpenyőbe bő forrásban lévő vízzel. Pároljuk 1 percig, leszűrjük, hideg víz alatt felfrissítjük, majd félretesszük.

b) Öntsön 5 evőkanál / 75 ml forrásban lévő vizet egy közepes tálba, adja hozzá a cukrot, és keverje fel, hogy feloldódjon. Amikor ez a szirup langyos, adjuk hozzá a borbolát, és hagyjuk állni körülbelül 10 percig, majd csepegtessük le.

c) A tejszínt, a sáfrányt és a hideg vizet egy kis lábasban felforraljuk. Azonnal vegyük le a tűzről, és tegyük félre 30 percre, hogy megérjen.

d) Melegíts fel 3 evőkanál olívaolajat közepes lángon egy 10 hüvelykes / 25 cm-es tapadásmentes, sütőálló serpenyőben, amelyhez fedő van. Adjuk hozzá a hagymát, és főzzük körülbelül 4 percig, időnként megkeverve, majd adjuk hozzá a fokhagymát, és főzzük és keverjük további 2 percig. Keverjük hozzá a fava babot és tegyük félre.

e) A tojásokat egy nagy keverőtálban jól habosra verjük. Hozzáadjuk a lisztet, a sütőport, a sáfrányos tejszínt, a fűszernövényeket, a 1½ teáskanál sót és a ½ teáskanál borsot, és jól habverjük el. Végül keverjük hozzá a borbolya és a fava bab és a hagyma keverékét.

f) A serpenyőt töröljük tisztára, adjuk hozzá a maradék olívaolajat, és tegyük a sütőbe 10 percre, hogy jól átforrósodjon. Öntsük a tojásos keveréket a forró serpenyőbe, fedjük le, és süssük 15 percig. Vegyük le a fedőt, és süssük további 20-25 percig, amíg a tojások megpuhulnak. Vegyük ki a sütőből, és hagyjuk 5 percig pihenni, mielőtt egy tálra fordítjuk. Melegen vagy szobahőmérsékleten tálaljuk.

Nyers articsóka és gyógynövény saláta

20. Nyers articsóka és gyógynövény saláta

Gyártmány: 2

ÖSSZETEVŐK

- 2 vagy 3 nagy gömb articsóka (összesen 1½ font / 700 g)
- 3 evőkanál frissen facsart citromlé
- 4 evőkanál olívaolaj
- 2 csésze / 40 g rukkola
- ½ csésze / 15 g tépett mentalevél
- ½ csésze / 15 g tépett korianderlevél
- 1 uncia / 30 g pecorino toscano vagy romano sajt, vékonyan lereszelve
- Maldon tengeri só és frissen őrölt fekete bors

UTASÍTÁS

a) Készítsen elő egy tál vizet a citromlé felével. Távolítsa el 1 articsóka szárát, és húzza le a kemény külső leveleket. Miután elérte a lágyabb, sápadt leveleket, nagy, éles késsel vágja át a virágot úgy, hogy az alsó negyed maradjon. Kis, éles késsel vagy zöldséghámozóval távolítsa el az articsóka külső rétegeit, amíg az alap vagy az alja meg nem jelenik. Kaparjuk ki a szőrös „fojtót", és tegyük az alapot a savanyú vízbe. A többit dobjuk ki, majd ismételjük meg a többi articsókával.

b) Az articsókát leszűrjük, és papírtörlővel szárítjuk. Mandolinnal vagy nagy, éles késsel vágja az articsókát papírvékony szeletekre, és tegye át egy nagy keverőtálba. Csavarjuk rá a maradék citromlevet, adjuk hozzá az olívaolajat, és jól keverjük össze, hogy bevonja. Ízlés szerint az articsókát szobahőmérsékleten néhány óráig is pihentetheti. Tálaláskor a rukkolát, a mentát és a koriandert adjuk az articsókához, és ízesítsük bő ¼ teáskanál sóval és rengeteg frissen őrölt fekete borssal.

c) Óvatosan átforgatjuk, és tálaló tányérokra rendezzük. Díszítsük pecorino-forgáccsal.

21. Vegyes bab saláta

Gyártmány: 4

ÖSSZETEVŐK

- 10 uncia / 280 g sárgabab, vágva (ha nem áll rendelkezésre, a zöldbab mennyiségének duplája)
- 10 uncia / 280 g zöldbab, vágva
- 2 pirospaprika 0,5 cm-es csíkokra vágva
- 3 evőkanál olívaolaj, plusz 1 tk a paprikához
- 3 gerezd fokhagyma, vékonyra szeletelve
- 6 evőkanál / 50 g kapribogyó, leöblítve és szárazra törölve
- 1 tk köménymag
- 2 tk koriandermag
- 4 zöldhagyma, vékonyra szeletelve
- ⅓ csésze / 10 g tárkony, durvára vágva
- ⅔ csésze / 20 g szedett cseresznyelevél (vagy leszedett kapor és aprított petrezselyem keveréke)
- 1 citrom reszelt héja
- sót és frissen őrölt fekete borsot

UTASÍTÁS

a) Melegítsük elő a sütőt 450°F / 220°C-ra.
b) Egy nagy serpenyőt bő vízzel felforralunk, és hozzáadjuk a sárgababot. 1 perc múlva adjuk hozzá a zöldbabot, és főzzük további 4 percig, vagy amíg a bab meg nem fő, de még ropogós. Jéghideg víz alatt felfrissítjük, lecsepegtetjük, szárítjuk, és egy nagy keverőtálba tesszük.
c) Közben a paprikát 1 teáskanál olajba dobjuk, tepsire terítjük, és 5 percre a sütőbe tesszük, vagy amíg megpuhul. Vegyük ki a sütőből, és tegyük a tálba a megfőtt babbal.
d) Egy kis serpenyőben felforrósítjuk a 3 evőkanál olívaolajat. Adjuk hozzá a fokhagymát és főzzük 20 másodpercig; hozzáadjuk a kapribogyót (vigyázat, kiköpnek!) és további 15 másodpercig pirítjuk. Hozzáadjuk a köményt és a koriandermagot, és további 15 másodpercig sütjük. A fokhagymának már aranyszínűnek kellett volna lennie. Levesszük a tűzről, és a serpenyő tartalmát azonnal a babra öntjük. Dobjuk fel és adjuk hozzá a zöldhagymát, a fűszernövényeket, a citromhéjat, egy bő ¼ teáskanál sót és a fekete borsot.
e) Tálaljuk, vagy akár egy napig hűtőszekrényben tároljuk. Ne felejtse el szobahőmérsékletre melegíteni tálalás előtt.

22. Citromos póréhagymás fasírt

Gyártmány: 4 INDÍTÁSNAK
ÖSSZETEVŐK
- 6 nagy vágott póréhagyma (összesen kb. 1¾ font / 800 g)
- 9 uncia / 250 g darált marhahús
- 1 csésze / 90 g zsemlemorzsa
- 2 nagy szabadtartású tojás
- 2 evőkanál napraforgóolaj
- ¾–1¼ csésze / 200–300 ml csirkealaplé
- ⅓ csésze / 80 ml frissen facsart citromlé (kb. 2 citrom)
- ⅓ csésze / 80 g görög joghurt
- 1 evőkanál finomra vágott lapos petrezselyem
- sót és frissen őrölt fekete borsot

UTASÍTÁS

a) Vágja a póréhagymát 2 cm-es szeletekre, és párolja körülbelül 20 percig, amíg teljesen megpuhul. Lecsepegtetjük és hagyjuk kihűlni, majd konyharuhával kinyomkodjuk a maradék vizet. A póréhagymát aprítógépben néhányszor pörgetve dolgozd fel, amíg jól fel nem vágod, de nem pépes lesz. Helyezze a póréhagymát egy nagy keverőtálba a hússal, zsemlemorzsával, tojással, 1¼ teáskanál sóval és 1 teáskanál fekete borssal együtt. A keverékből lapos pogácsákat formázunk, nagyjából 2¾ x ¾ hüvelyk / 7 x 2 cm méretű – ebből 8-nak kell lennie. Hűtőbe tesszük 30 percre.

b) Melegítsük fel az olajat közepes lángon egy nagy, vastag aljú serpenyőben, amelyhez fedő van. Süssük a pogácsákat mindkét oldalukon aranybarnára; ezt szükség esetén tételesen is megtehetjük.

c) Törölje ki a serpenyőt egy papírtörlővel, majd tegye a húsgombócokat az aljára, ha szükséges, kissé átfedje. Felöntjük annyi alaplével, hogy majdnem, de ne teljesen ellepje a pogácsákat. Adjuk hozzá a citromlevet és ½ teáskanál sót. Forraljuk fel, majd fedjük le, és lassú tűzön pároljuk 30 percig. Vegyük le a fedőt, és szükség esetén főzzük még néhány percig, amíg szinte az összes folyadék elpárolog. A serpenyőt levesszük a tűzről, és félretesszük hűlni.

d) A húsgombócokat melegen vagy szobahőmérsékleten tálaljuk, egy csésze joghurttal és megszórjuk petrezselyemmel.

23. **Hannukah**Karalábé saláta

Gyártmány: 4

ÖSSZETEVŐK

- 3 közepes karalábé (1⅔ font / 750 g összesen)
- ⅓ csésze / 80 g görög joghurt
- 5 evőkanál / 70 g tejföl
- 3 evőkanál mascarpone sajt
- 1 kis gerezd fokhagyma, összetörve
- 1½ teáskanál frissen facsart citromlé
- 1 evőkanál olívaolaj
- 2 evőkanál finomra aprított friss menta
- 1 tk szárított menta
- kb 12 szál / 20 g bébi vízitorma
- ¼ tk szömörce
- sót és fehér borsot

UTASÍTÁS

a) Hámozzuk meg a karalábét, vágjuk 1,5 cm-es kockákra, és tegyük egy nagy keverőtálba. Tegyük félre és készítsük el az öntetet.

b) Egy közepes tálba tedd a joghurtot, a tejfölt, a mascarponét, a fokhagymát, a citromlevet és az olívaolajat. Adjunk hozzá ¼ teáskanál sót és egy egészséges őrölt borsot, és keverjük simára. Adjuk hozzá az öntetet a karalábéhoz, majd a friss és szárított mentát és a vízitorma felét.

c) Óvatosan keverjük meg, majd tegyük egy tálra. A tetejére szórjuk a maradék vízitormát, és megszórjuk a szömörcével.

24. Gyökérzöldség saláta labneh-vel

Gyártmány: 6

ÖSSZETEVŐK

- 3 közepes cékla (1 font / 450 g összesen)
- 2 közepes sárgarépa (összesen 9 uncia / 250 g)
- ½ zeller gyökér (összesen 10 uncia / 300 g)
- 1 közepes karalábé (összesen 250 g)
- 4 evőkanál frissen facsart citromlé
- 4 evőkanál olívaolaj
- 3 evőkanál sherry ecet
- 2 tk szuperfinom cukor
- ¾ csésze / 25 g korianderlevél, durvára vágva
- ¾ csésze / 25 g mentalevél, aprítva
- ⅔ csésze / 20 g lapos levelű petrezselyemlevél, durvára vágva
- ½ evőkanál reszelt citromhéj
- 1 csésze / 200 g labneh (bolti illlásd a receptet)
- sót és frissen őrölt fekete borsot
- Hámozza meg az összes zöldséget, és szeletelje fel vékonyra, körülbelül 1/16 kis forró chili, finomra vágva

UTASÍTÁS

a) Helyezze a citromlevet, az olívaolajat, az ecetet, a cukrot és az 1 teáskanál sót egy kis serpenyőbe. Lassú tűzön forraljuk, és addig keverjük, amíg a cukor és a só fel nem oldódik. Levesszük a tűzről.
b) A zöldségcsíkokat leszűrjük, és papírtörlőre tesszük, hogy jól megszáradjon. Szárítsa meg a tálat, és cserélje ki a zöldségeket. A forró öntetet a zöldségekre öntjük, jól összekeverjük, és hagyjuk kihűlni. Hűtőbe tesszük legalább 45 percre.
c) Tálaláskor adjuk hozzá a fűszernövényeket, a citromhéjat és 1 teáskanál fekete borsot a salátához. Jól összeforgatjuk, megkóstoljuk, és ha szükséges, még sózzuk. Halmozzuk a tálaló tányérokra, és tálaljuk némi labneh-vel az oldalára.

25. Sült paradicsom fokhagymával

Gyártmány: 2-4

ÖSSZETEVŐK

- 3 nagy gerezd fokhagyma, összetörve
- ½ kis forró chili, apróra vágva
- 2 evőkanál apróra vágott lapos petrezselyem
- 3 nagy, érett, de kemény paradicsom (összesen kb. 1 font / 450 g)
- 2 evőkanál olívaolaj
- Maldon tengeri só és frissen őrölt fekete bors
- rusztikus kenyér, tálalni

UTASÍTÁS

a) Keverje össze a fokhagymát, a chilit és az apróra vágott petrezselymet egy kis tálban, és tegye félre. Tedd fel a paradicsom tetejét és végét, és szeleteld függőlegesen körülbelül 1,5 cm vastag szeletekre.

b) Melegítsük fel az olajat egy nagy serpenyőben közepes lángon. Hozzáadjuk a paradicsomszeleteket, sózzuk, borsozzuk, és kb. 1 percig főzzük, majd megfordítjuk, ismét sózzuk, borsozzuk, és megszórjuk a fokhagymás keverékkel. Folytassuk a főzést még körülbelül egy percig, időnként megrázva a serpenyőt, majd ismét fordítsuk meg a szeleteket, és főzzük még néhány másodpercig, amíg puha, de nem pépes nem lesz.

c) A paradicsomokat egy tálra fordítjuk, a serpenyőből kiöntött levével felöntjük, és a kenyér mellé azonnal tálaljuk.

26. Püré répa joghurttal és za'atarral

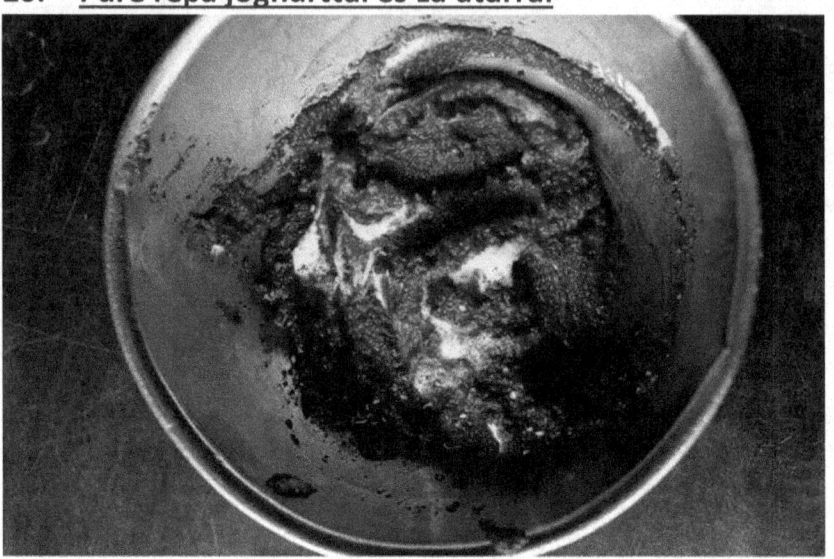

Gyártmány: 6

ÖSSZETEVŐK

- 2 font / 900 g közepes cékla (összesen kb. 1 font / 500 g főzés és hámozás után)
- 2 gerezd fokhagyma, összetörve
- 1 kis piros chili kimagozva és apróra vágva
- kerekítve 1 csésze / 250 g görög joghurt
- 1½ evőkanál datolyaszirup
- 3 evőkanál olívaolaj, plusz plusz az étel befejezéséhez
- 1 evőkanál za'atar
- só
- DÍSZÍTÉSRE
- 2 zöldhagyma, vékonyra szeletelve
- 2 evőkanál / 15 g pirított mogyoró, durvára törve
- 2 oz / 60 g puha kecsketej sajt, morzsolva

UTASÍTÁS

a) Melegítse elő a sütőt 400°F / 200°C-ra.
b) Mossa meg a céklát, és tegye egy serpenyőbe. Tedd be őket a sütőbe, és fedő nélkül süsd addig, amíg egy kés könnyen a közepébe nem csúszik, körülbelül 1 óra. Ha már elég kihűltek ahhoz, hogy kezelni lehessen, hámozzuk meg a céklát, és vágjuk mindegyiket körülbelül 6 darabra. Hagyja kihűlni.
c) Tegye a céklát, a fokhagymát, a chilit és a joghurtot egy robotgépbe, és turmixolja sima masszává. Tegye át egy nagy keverőtálba, és keverje hozzá a datolyaszirupot, az olívaolajat, a za'atar-t és 1 teáskanál sót. Kóstoljuk meg és ízlés szerint adjunk hozzá még sót.
d) Tegye át a keveréket egy lapos tálalótányérra, és egy kanál hátával terítse szét a tányéron. A tetejére szórjuk a zöldhagymát, a mogyorót és a sajtot, végül meglocsoljuk egy kis olajjal. Szobahőmérsékleten tálaljuk.

27. Svájci mángold rántott

Gyártmány: 4 INDÍTÁSNAK

ÖSSZETEVŐK

- 14 uncia / 400 g mángold levelek, fehér szárak eltávolítva
- 1 uncia / 30 g lapos levelű petrezselyem
- ⅔ oz / 20 g koriander
- ⅔ oz / 20 g kapor
- 1½ teáskanál reszelt szerecsendió
- ½ teáskanál cukor
- 3 evőkanál univerzális liszt
- 2 gerezd fokhagyma, összetörve
- 2 nagy szabadtartású tojás
- 80 g feta sajt apró darabokra törve
- 4 evőkanál / 60 ml olívaolaj
- 1 citrom, 4 szeletre vágva
- sót és frissen őrölt fekete borsot

UTASÍTÁS

a) Forraljunk fel egy nagy lábas sós vizet, adjuk hozzá a mángoldot, és pároljuk 5 percig. Csöpögtessük le a leveleket, és alaposan nyomkodjuk össze, amíg teljesen megszárad. Tegye robotgépbe a fűszernövényekkel, szerecsendióval, cukorral, liszttel, fokhagymával, tojással, bő ¼ teáskanál sóval és némi fekete borssal együtt. Blitsd simára, majd kézzel hajtsd bele a fetát a keverékbe.

b) Öntsön 1 evőkanál olajat egy közepes serpenyőbe. Közepes-magas lángra tesszük, és egy-egy púpozott evőkanál keveréket kanalazunk minden rántáshoz. Óvatosan nyomja le, hogy egy 2¾ hüvelyk / 7 cm széles és ⅜ hüvelyk / 1 cm vastag rántást kapjon. Körülbelül 3 rántást kell elférnie egyszerre. Összesen 3-4 percig főzzük a rántásokat, egyszer megforgatva, amíg színt nem vesznek.

c) Tegye át papírtörlőre, majd tartsa melegen minden adagot, amíg a maradék keveréket elkészíti, szükség szerint adva hozzá a maradék olajat. Egyszerre tálaljuk a citromkarikákkal.

28. Fűszeres csicseriborsó és zöldségsaláta

Gyártmány: 4

ÖSSZETEVŐK
- ½ csésze / 100 g szárított csicseriborsó
- 1 tk szódabikarbóna
- 2 kis uborka (10 uncia / 280 g összesen)
- 2 nagy paradicsom (10½ uncia / 300 g összesen)
- 8½ oz / 240 g retek
- 1 pirospaprika, kimagozva és a bordáit eltávolítva
- 1 kis vöröshagyma, meghámozva
- ⅔ oz / 20 g korianderlevél és szár, durvára vágva
- ½ oz / 15 g lapos petrezselyem, durvára vágva
- 6 evőkanál / 90 ml olívaolaj
- 1 citrom reszelt héja, plusz 2 evőkanál leve
- 1½ evőkanál sherry ecet
- 1 gerezd fokhagyma, összetörve
- 1 tk szuperfinom cukor
- 1 tk őrölt kardamom
- 1½ teáskanál őrölt szegfűbors
- 1 tk őrölt kömény
- görög joghurt (elhagyható)
- sót és frissen őrölt fekete borsot

UTASÍTÁS
a) Áztassuk be a szárított csicseriborsót egy nagy tálba egy éjszakára bő hideg vízzel és szódabikarbónával. Másnap leszűrjük, egy nagy lábasba tesszük, és felöntjük a csicseriborsó térfogatának kétszeresével. Forraljuk fel, és pároljuk a habot lefölözve körülbelül egy órán keresztül, amíg teljesen megpuhul, majd leszűrjük.

b) Vágja az uborkát, a paradicsomot, a retket és a borsot 1,5 cm-es kockákra; vágja a hagymát 0,5 cm-es kockákra. Egy tálban mindent összekeverünk a korianderrel és a petrezselyemmel.

c) Egy üvegben vagy zárható edényben keverjünk össze 5 evőkanál / 75 ml olívaolajat, a citrom levét és héját, az ecetet, a fokhagymát és a cukrot, és jól keverjük össze öntethez, majd ízlés szerint sózzuk, borsozzuk. Az öntetet a salátára öntjük, és enyhén átforgatjuk.

d) Keverjük össze a kardamomot, a szegfűborsot, a köményt és a ¼ teáskanál sót, és terítsük ki egy tányérra. A főtt csicseriborsót néhány részletben dobjuk bele a fűszerkeverékbe, hogy jól bevonják. A maradék olívaolajat egy serpenyőben közepes lángon felhevítjük, és a csicseriborsót enyhén pirítjuk 2-3 percig, óvatosan rázza meg a serpenyőt, hogy egyenletesen süljön és ne ragadjon. Tartsd melegen.

e) A salátát négy tányérra osztjuk, nagy körben elrendezzük, és a tetejére kanalazzuk a meleg fűszeres csicseriborsót úgy, hogy a saláta széle tiszta maradjon. A tetejére görög joghurtot csorgathatunk, hogy krémes legyen a saláta.

29. Chermoula padlizsán bulgurral és joghurttal

Készítménye: 4 főétel

ÖSSZETEVŐK

- 2 gerezd fokhagyma, összetörve
- 2 tk őrölt kömény
- 2 tk őrölt koriander
- 1 tk chili pehely
- 1 tk édes paprika
- 2 evőkanál finomra vágott tartósított citromhéj (bolti illlásd a receptet)
- ⅔ csésze / 140 ml olívaolaj, plusz extra a befejezéshez
- 2 közepes padlizsán
- 1 csésze / 150 g finom bulgur
- ⅔ csésze / 140 ml forrásban lévő víz
- ⅓ csésze / 50 g arany mazsola
- 3½ evőkanál / 50 ml meleg víz
- ⅓ oz / 10 g koriander apróra vágva, plusz plusz a befejezéshez
- ⅓ uncia / 10 g menta, apróra vágva
- ⅓ csésze / 50 g kimagozott zöld olajbogyó, félbevágva
- ⅓ csésze / 30 g szeletelt mandula, pirított
- 3 zöldhagyma, apróra vágva
- 1½ evőkanál frissen facsart citromlé
- ½ csésze / 120 g görög joghurt
- só

UTASÍTÁS

a) Melegítse elő a sütőt 400°F / 200°C-ra.
b) A chermoula elkészítéséhez egy kis tálban keverjük össze a fokhagymát, a köményt, a koriandert, a chilit, a paprikát, a tartósított citromot, az olívaolaj kétharmadát és a ½ teáskanál sót.
c) A padlizsánokat hosszában félbevágjuk. Mindegyik fél húsát mély, átlós keresztmetszetekkel vágja be, ügyelve arra, hogy ne szúrja ki a bőrt. Mindegyik felére kanalazzuk a chermoulát, egyenletesen elosztva, és a vágott oldalukkal felfelé egy tepsire

helyezzük. Betesszük a sütőbe, és 40 percig sütjük, vagy amíg a padlizsán teljesen megpuhul.
d) Közben tegyük a bulgurt egy nagy tálba, és öntsük fel forrásban lévő vízzel.
e) Áztassa be a mazsolát a meleg vízbe. 10 perc elteltével csepegtessük le a mazsolát, és a maradék olajjal együtt adjuk hozzá a bulgurhoz. Adjuk hozzá a fűszernövényeket, az olajbogyót, a mandulát, a zöldhagymát, a citromlevet és egy csipet sót, és keverjük össze. Kóstoljuk meg, és ha szükséges még sózzuk.
f) A padlizsánt melegen vagy szobahőmérsékleten tálaljuk. Helyezzen ½ padlizsánt vágott oldalával felfelé minden egyes tányérra. A tetejére kanalazzuk a bulgurt, hagyjuk, hogy mindkét oldaláról leessen. Öntsünk rá egy kevés joghurtot, szórjuk meg korianderrel, és a végén csepegtessük olajjal.

30. Sült karfiol tahinival

Gyártmány: 6

ÖSSZETEVŐK
- 2 csésze / 500 ml napraforgóolaj
- 2 közepes fej karfiol (összesen 2¼ font / 1 kg), kis virágokra osztva
- 8 zöldhagyma, mindegyiket 3 hosszú szeletre osztva
- ¾ csésze / 180 g világos tahini paszta
- 2 gerezd fokhagyma, összetörve
- ¼ csésze / 15 g lapos petrezselyem, apróra vágva
- ¼ csésze / 15 g aprított menta, plusz plusz a befejezéshez
- ⅔ csésze / 150 g görög joghurt
- ¼ csésze / 60 ml frissen facsart citromlé, plusz 1 citrom reszelt héja
- 1 teáskanál gránátalma melasz, plusz plusz a befejezéshez
- körülbelül ¾ csésze / 180 ml víz
- Maldon tengeri só és frissen őrölt fekete bors

UTASÍTÁS

a) Melegítsük fel a napraforgóolajat egy nagy serpenyőben, amelyet közepesen magas hőre helyezünk. Fém fogóval vagy fémkanállal óvatosan tegyünk egy-egy karfiol rózsát az olajba, és főzzük 2-3 percig, majd fordítsuk meg, hogy egyenletesen színeződjenek. Ha aranybarnák lettek, egy szűrőkanállal emeljük a virágokat egy szűrőedénybe, hogy lecsöpögjön. Megszórjuk egy kis sóval. Folytassa adagonként, amíg el nem készíti az összes karfiolt. Ezután pirítsd meg a zöldhagymát részletekben, de csak körülbelül 1 percig. Hozzáadjuk a karfiolhoz. Hagyja kicsit kihűlni mindkettőt.

b) Öntsük a tahini pasztát egy nagy keverőtálba, és adjuk hozzá a fokhagymát, az apróra vágott fűszernövényeket, a joghurtot, a citromlevet és -héjat, a gránátalma melaszt, valamint egy kis sót és borsot. Fakanállal jól keverjük össze, miközben hozzáadjuk a vizet. A tahini szósz besűrűsödik, majd fellazul, ahogy vizet adunk hozzá. Ne adjunk hozzá túl sokat, csak annyit, hogy sűrű, mégis sima, önthető állagot kapjunk, olyan, mint a méz.

c) Adjuk hozzá a karfiolt és a zöldhagymát a tahinihez, és jól keverjük össze. Kóstoljuk meg és állítsuk be a fűszerezést. Érdemes több citromlevet is hozzáadni.

d) A tálaláshoz kanalazd egy tálba, és adj hozzá néhány csepp gránátalma melaszt és némi mentát.

31. **Sült karfiol és mogyoró saláta**

Gyártmány: 2-4

ÖSSZETEVŐK

- 1 fej karfiol kis virágokra törve (1½ font / 660 g összesen)
- 5 evőkanál olívaolaj
- 1 nagy zellerszár, ferdén ¼ hüvelykes / 0,5 cm-es szeletekre vágva (⅔ csésze / összesen 70 g)
- 5 evőkanál / 30 g mogyoró, héjjal
- ⅓ csésze / 10 g kis lapos levelű petrezselyemlevél, leszedve
- ⅓ csésze / 50 g gránátalma mag (kb. ½ közepes gránátalmából)
- bőséges ¼ tk őrölt fahéj
- bőséges ¼ teáskanál őrölt szegfűbors
- 1 evőkanál sherry ecet
- 1½ teáskanál juharszirup
- sót és frissen őrölt fekete borsot

UTASÍTÁS

a) Melegítsük elő a sütőt 425°F / 220°C-ra.
b) Keverje össze a karfiolt 3 evőkanál olívaolajjal, ½ teáskanál sóval és némi fekete borssal. Nyújtsuk ki egy serpenyőben, és süssük a sütő felső rácsán 25-35 percig, amíg a karfiol ropogós lesz, és egy része aranybarna nem lesz. Tegyük át egy nagy keverőtálba, és tegyük félre kihűlni.
c) Csökkentse a sütő hőmérsékletét 325°F / 170°C-ra. Sütőpapírral bélelt tepsire terítjük a mogyorót, és 17 percig sütjük.
d) Hagyjuk kicsit hűlni a diót, majd durvára vágjuk, és a karfiolhoz adjuk, a maradék olajjal és a többi hozzávalóval együtt. Keverjük össze, kóstoljuk meg, és ennek megfelelően ízesítsük sóval, borssal. Szobahőmérsékleten tálaljuk.

32. A'ja (kenyérrettek)

Gyártmány: Körülbelül 8 FRITTER

ÖSSZETEVŐK

- 4 szelet fehér kenyér, kéreg eltávolítása (összesen 80 g)
- 4 extra nagy szabadtartású tojás
- 1½ teáskanál őrölt kömény
- ½ teáskanál édes paprika
- ¼ tk cayenne bors
- 1 uncia / 25 g metélőhagyma, apróra vágva
- 1 uncia / 25 g lapos petrezselyem, apróra vágva
- ⅓ uncia / 10 g tárkony, apróra vágva
- 1½ oz / 40 g feta sajt, morzsolva
- napraforgóolaj, sütéshez
- sót és frissen őrölt fekete borsot

UTASÍTÁS

a) A kenyeret áztasd be bő hideg vízbe 1 percre, majd jól nyomkodd ki.

b) A beáztatott kenyeret morzsoljuk egy közepes tálba, majd adjuk hozzá a tojást, a fűszereket, ½ teáskanál sót és ¼ teáskanál borsot, és jól keverjük össze. Keverjük hozzá a felaprított fűszernövényeket és a fetát.

c) Melegítsünk fel 1 evőkanál olajat egy közepes serpenyőben, közepes lángon. Minden serpenyőhöz kanalazzon körülbelül 3 evőkanál keveréket a serpenyő közepére, és a kanál aljával lapítsa el; a rántások ¾–1¼ hüvelyk / 2–3 cm vastagok legyenek. A rántásokat mindkét oldalukon 2-3 percig sütjük, amíg aranybarna nem lesz. Ismételje meg a maradék tésztával. Körülbelül 8 rántást kell kapnod.

d) Alternatív megoldásként az egész tésztát egyszerre is megsütheti, mint egy nagy omlettet. Szeleteljük és melegen vagy szobahőmérsékleten tálaljuk.

33. Fűszeres sárgarépa saláta

Gyártmány: 4

ÖSSZETEVŐK

- 6 nagy sárgarépa, meghámozva (összesen kb. 1½ font / 700 g)
- 3 evőkanál napraforgóolaj
- 1 nagy hagyma apróra vágva (2 csésze / összesen 300 g)
- 1 evőkanálPilpelchumavagy 2 evőkanál harissa (bolti illlásd a receptet)
- ½ teáskanál őrölt kömény
- ½ teáskanál köménymag, frissen őrölt
- ½ teáskanál cukor
- 3 evőkanál almaecet
- 1½ csésze / 30 g rukkolalevél
- só

UTASÍTÁS

a) A sárgarépát egy nagy serpenyőbe tesszük, felöntjük vízzel, és felforraljuk. Csökkentse a hőt, fedje le, és főzze körülbelül 20 percig, amíg a sárgarépa megpuhul. Csöpögtessük le, és ha már eléggé lehűlt a kezeléshez, vágjuk 0,5 cm-es szeletekre.

b) Amíg a sárgarépa fő, egy nagy serpenyőben felforrósítjuk az olaj felét. Adjuk hozzá a hagymát, és főzzük közepes lángon 10 percig, amíg aranybarna nem lesz.

c) A megpirított hagymát egy nagy keverőtálba billentjük, és hozzáadjuk a pilpelchumát, a köményt, a köményt, a ¾ teáskanál sót, a cukrot, az ecetet és a maradék olajat. Hozzáadjuk a sárgarépát és jól összeforgatjuk. Hagyja félre legalább 30 percig, hogy az ízek beérjenek.

d) Rendezzük a salátát egy nagy tálra, és menet közben szórjuk meg a rukkolával.

34. **Hannukah**Shakshuka

Gyártmány: 2-4

ÖSSZETEVŐK

- 2 evőkanál olívaolaj
- 2 evőkanálPilpelchumavagy harissa (bolti illlásd a receptet)
- 2 tk paradicsompüré
- 2 nagy piros paprika, 0,5 cm-es kockákra vágva (összesen 2 csésze / 300 g)
- 4 gerezd fokhagyma, finomra vágva
- 1 tk őrölt kömény
- 5 nagy, nagyon érett paradicsom apróra vágva (összesen 5 csésze / 800 g); konzerv is jó
- 4 nagy szabadtartású tojás, plusz 4 tojássárgája
- ½ csésze / 120 g labneh (bolti vagylásd a receptet) vagy sűrű joghurtot
- só

UTASÍTÁS

a) Melegítsd fel az olívaolajat egy nagy serpenyőben közepes lángon, és add hozzá a pilpelchumát vagy harissát, a paradicsompürét, a paprikát, a fokhagymát, a köményt és a ¾ teáskanál sót. Keverjük össze és főzzük közepes lángon körülbelül 8 percig, hogy a paprika megpuhuljon. Adjuk hozzá a paradicsomot, forraljuk lassú tűzön, és főzzük további 10 percig, amíg elég sűrű mártást nem kapunk. Kóstoljuk meg a fűszerezéshez.

b) Csinálj 8 kis mártogatóst a szószba. Óvatosan feltörjük a tojásokat, és mindegyiket a saját mártogatósába öntjük. Ugyanígy járjunk el a sárgájával. A tojásfehérjét villával kicsit összeforgatjuk a szósszal, ügyelve arra, hogy a sárgáját ne törje össze. Lassan pároljuk 8-10 percig, amíg a tojásfehérje megdermed, de a sárgája még folyós lesz (ha fel akarjuk gyorsítani a folyamatot, a serpenyőt lefedhetjük fedővel).

c) Vegyük le a tűzről, hagyjuk pár percig állni, majd kanalazzuk tányérokra, és tálaljuk a labneh-vel vagy a joghurttal.

35. Butternut Squash & Tahini Spread

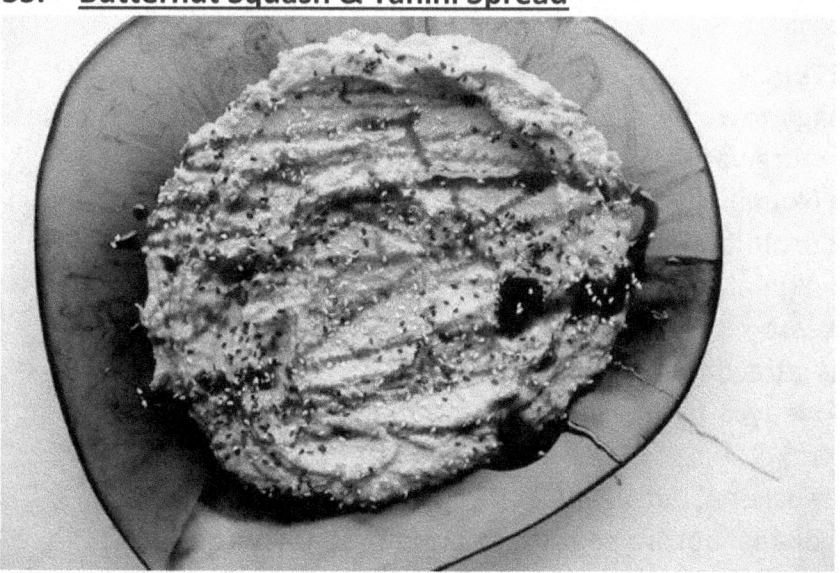

Gyártmány: 6-8

ÖSSZETEVŐK

- 1 nagyon nagy tök (kb. 2½ font / 1,2 kg), meghámozva és kockákra vágva (összesen 7 csésze / 970 g)
- 3 evőkanál olívaolaj
- 1 tk őrölt fahéj
- 5 evőkanál / 70 g világos tahini paszta
- ½ csésze / 120 g görög joghurt
- 2 kis gerezd fokhagyma, zúzott
- 1 tk vegyes fekete-fehér szezámmag (vagy csak fehér, ha nincs fekete)
- 1½ teáskanál datolyaszirup
- 2 evőkanál apróra vágott koriander (elhagyható)
- só

UTASÍTÁS

a) Melegítse elő a sütőt 400°F / 200°C-ra.
b) Terítsd ki a tököt egy közepes serpenyőben. Öntsük rá az olívaolajat, és szórjuk rá a fahéjat és ½ teáskanál sót. Keverjük jól össze, fedjük le szorosan alufóliával a serpenyőt, és süssük a sütőben 70 percig, közben egyszer megkeverjük. Kivesszük a sütőből és hagyjuk kihűlni.
c) Tegye át a tököt egy robotgépbe, a tahinivel, a joghurttal és a fokhagymával együtt. Nagyjából pulzáljon úgy, hogy minden durva péppé álljon össze anélkül, hogy a kenés egyenletessé válna; ezt kézzel is megteheti villával vagy burgonyanyomóval.
d) Egy lapos tányéron hullámos mintázatban terítsük el a vajat, szórjuk meg a szezámmaggal, csepegtessük rá a szirupot, és ha használjuk, akkor a korianderrel fejezzük be.

36. Fűszeres répa, póréhagyma és dió saláta

ÖSSZETEVŐK

- 4 közepes cékla (összesen ½ font / 600 g főzés és hámozás után)
- 4 közepes póréhagyma, 4 hüvelykes / 10 cm-es szeletekre vágva (4 csésze / 360 g összesen)
- ½ oz / 15 g koriander, durvára vágva
- 1¼ csésze / 25 g rukkola
- ⅓ csésze / 50 g gránátalma mag (opcionális)
- ÖLTÖZKÖDÉS
- 1 csésze / 100 g dió, durvára vágva
- 4 gerezd fokhagyma, finomra vágva
- ½ teáskanál chili pehely
- ¼ csésze / 60 ml almaecet
- 2 evőkanál tamarind víz
- ½ teáskanál dióolaj
- 2½ evőkanál mogyoróolaj
- 1 teáskanál só

UTASÍTÁS

a) Melegítsük elő a sütőt 425°F / 220°C-ra.

b) Csomagolja be a répákat egyenként alufóliába, és süsse a sütőben 1-1,5 órán át, mérettől függően. Miután megsült, egy kis kést könnyen a közepébe kell szúrnia. Kivesszük a sütőből és félretesszük hűlni.

c) Ha már eléggé kihűlt a kezeléshez, hámozzuk meg a céklát, félbevágjuk, és mindegyik felét tövénél 1 cm vastag szeletekre vágjuk. Egy közepes tálba tesszük és félretesszük.

d) Helyezze a póréhagymát egy közepes lábasba, sós vízzel, forralja fel, és párolja 10 percig, amíg éppen meg nem fő; fontos, hogy óvatosan pároljuk, és ne süssük túl, nehogy szétesjenek. Lecsepegtetjük és felfrissítjük hideg víz alatt, majd egy nagyon éles fogazott késsel vágjuk mindegyik szeletet 3 kisebb darabra, és töröljük szárazra. Tegyük át egy tálba, válasszuk el a céklától, és tegyük félre.

e) Amíg a zöldségek sülnek, keverjük össze az öntet hozzávalóit, és hagyjuk állni legalább 10 percig, hogy az összes íz összeérjen.

f) Osszuk el egyenlő arányban a dióöntetet és a koriandert a cékla és a póréhagyma között, és óvatosan dobjuk fel. Kóstoljuk meg mindkettőt, és ha szükséges, adjunk hozzá még sót.
g) A saláta összeállításához a répa nagy részét egy tálra terítjük, a tetejére szórjuk a rukkolát, majd a póréhagyma nagy részét, majd a maradék céklát, és a végén még több póréhagymával és rukkolával. Ha használjuk, szórjuk rá a gránátalma magokat, és tálaljuk.

37. Elszenesedett Okra paradicsommal

Elkészítés: 2 KÖRETÉL

ÖSSZETEVŐK

- 10½ oz / 300 g baba vagy nagyon kicsi okra
- 2 evőkanál olívaolaj, szükség esetén még több
- 4 gerezd fokhagyma, vékonyra szeletelve
- ⅔ oz / 20 g tartósított citromhéj (bolti vagylásd a receptet), vágjuk ⅜ hüvelykes / 1 cm-es ékekre
- 3 kisebb paradicsom (összesen 200 g), 8 szeletre vágva vagy félbevágott koktélparadicsom
- 1½ teáskanál apróra vágott lapos petrezselyem
- 1½ teáskanál apróra vágott koriander
- 1 evőkanál frissen facsart citromlé
- Maldon tengeri só és frissen őrölt fekete bors

UTASÍTÁS

a) Egy kicsi, éles gyümölcskéssel vágja le az okra hüvelyt, távolítsa el a szárat közvetlenül a hüvely felett, hogy ne tegyék ki a magokat.

b) Tegyünk egy nagy, vastag aljú serpenyőt erős lángra, és hagyjuk állni néhány percig. Amikor már majdnem vörösen forró, dobja bele az okrát két részletben, és főzze szárazon, időnként megrázva a serpenyőt, tételenként 4 percig. Az okra hüvelyen időnként sötét hólyagnak kell lennie.

c) Tegye vissza az összes elszenesedett okrát a serpenyőbe, és adja hozzá az olívaolajat, a fokhagymát és a tartósított citromot. 2 percig kevergetve, a serpenyőt rázva sütjük. Csökkentse a hőt közepesre, és adja hozzá a paradicsomot, 2 evőkanál vizet, az apróra vágott fűszernövényeket, a citromlevet, valamint ½ teáskanál sót és némi fekete borsot. Óvatosan keverjük össze az egészet, hogy a paradicsom ne törjön össze, és főzzük tovább 2-3 percig, amíg a paradicsom át nem melegszik. Egy tálba tesszük, meglocsoljuk még olívaolajjal, sózzuk, és tálaljuk.

38. Égetett padlizsán gránátalma magokkal

Készítmények: 4 MEZE TÁNYÉR RÉSZÉRE
ÖSSZETEVŐK
- 4 nagy padlizsán (3¼ font / 1,5 kg főzés előtt; 2½ csésze / 550 g megégetés és a hús lecsepegtetése után)
- 2 gerezd fokhagyma, összetörve
- 1 citrom reszelt héja és 2 evőkanál frissen facsart citromlé
- 5 evőkanál olívaolaj
- 2 evőkanál apróra vágott lapos petrezselyem
- 2 evőkanál apróra vágott menta
- ½ nagy gránátalma magja (½ csésze / összesen 80 g)
- sót és frissen őrölt fekete borsot

UTASÍTÁS

a) Ha van gáztűzhelye, bélelje ki a talpat alufóliával, hogy megvédje, és csak az égők maradjanak szabadon. Helyezze a padlizsánt közvetlenül négy különálló gázégőre, közepes lánggal, és süsse 15-18 percig, amíg a héja meg nem ég, pelyhes lesz, a hús pedig megpuhul. Használjon fém fogót, hogy időnként megfordítsa őket. Alternatív megoldásként a padlizsánokat késsel néhány helyen, kb. ¾ hüvelyk / 2 cm mélyen bevágjuk, és sütőlapra helyezzük egy forró broiler alá, körülbelül egy órára. Körülbelül 20 percenként fordítsa meg őket, és folytassa a főzést akkor is, ha szétrepednek és eltörnek.

b) Vegyük le a padlizsánt a tűzről, és hagyjuk kicsit kihűlni. Ha már elég kihűlt ahhoz, hogy kezelni tudja, vágjon egy nyílást minden padlizsán mentén, és kanalazzuk ki a puha húsát, és osszuk el kézzel hosszú, vékony csíkokra. Dobja el a bőrt. A húst szűrőedényben szűrjük le legalább egy órára, lehetőleg tovább, hogy minél több víztől megszabaduljunk.

c) Helyezze a padlizsán pépet egy közepes tálba, és adja hozzá a fokhagymát, a citrom héját és levét, az olívaolajat, ½ teáskanál sót és egy jó őrölt fekete borsot. Keverjük össze, és hagyjuk a padlizsánt szobahőmérsékleten pácolódni legalább egy órán keresztül.

d) Ha készen állunk a tálalásra, keverjük bele a legtöbb fűszernövényt, és ízesítsük. Tányérra halmozzuk, rászórjuk a gránátalma magokat, és a maradék fűszernövényekkel díszítjük.

39. Petrezselymes és árpa saláta

Gyártmány: 4

ÖSSZETEVŐK

- ¼ csésze / 40 g gyöngy árpa
- 5 uncia / 150 g feta sajt
- 5½ evőkanál olívaolaj
- 1 tk za'atar
- ½ teáskanál koriandermag, enyhén pirítva és összetörve
- ¼ tk őrölt kömény
- 3 uncia / 80 g lapos levelű petrezselyem, levelek és finom szárak
- 4 zöldhagyma apróra vágva (½ csésze / összesen 40 g)
- 2 gerezd fokhagyma, összetörve
- ⅓ csésze / 40 g kesudió, enyhén pirítva és durvára törve
- 1 zöldpaprika kimagozva és 1 cm-es kockákra vágva
- ½ teáskanál őrölt szegfűbors
- 2 evőkanál frissen facsart citromlé
- sót és frissen őrölt fekete borsot

UTASÍTÁS

a) Helyezzük az árpát egy kis serpenyőbe, öntsük fel bő vízzel, és forraljuk 30-35 percig, amíg megpuhul, de finoman. Finom szitára öntjük, felrázzuk, hogy az összes vizet eltávolítsa, és egy nagy tálba tesszük.

b) A fetát durva, körülbelül 2 cm-es darabokra törjük, és egy kis tálban keverjük össze 1½ evőkanál olívaolajjal, a za'atarral, a koriandermaggal és a köménnyel. Óvatosan keverjük össze, és hagyjuk pácolódni, amíg elkészítjük a többi salátát.

c) A petrezselymet apróra vágjuk, és egy tálba tesszük a zöldhagymával, fokhagymával, kesudióval, borssal, szegfűborssal, citromlével, a maradék olívaolajjal és a főtt árpával. Jól összekeverjük és ízlés szerint fűszerezzük. Tálaláskor a salátát négy tányérra osztjuk, és a tetejére tesszük a pácolt fetát.

40. Vaskos cukkini és paradicsom saláta

Gyártmány: 6

ÖSSZETEVŐK

- 8 halványzöld cukkini vagy normál cukkini (összesen kb. 2¼ font / 1 kg)
- 5 nagy, nagyon érett paradicsom (összesen 1¾ font / 800 g)
- 3 evőkanál olívaolaj, plusz plusz a befejezéshez
- 2½ csésze / 300 g görög joghurt
- 2 gerezd fokhagyma, összetörve
- 2 piros chili kimagozva és apróra vágva
- 1 közepes citrom reszelt héja és 2 evőkanál frissen facsart citrom leve
- 1 evőkanál datolyaszörp, plusz még a befejezéshez
- 2 csésze / 200 g dió, durvára vágva
- 2 evőkanál apróra vágott menta
- ⅔ oz / 20 g lapos petrezselyem, apróra vágva
- sót és frissen őrölt fekete borsot

UTASÍTÁS

a) Melegítsük elő a sütőt 425°F / 220°C-ra. Helyezzen egy bordázott serpenyőt magas lángra.
b) A cukkinit levágjuk és hosszában kettévágjuk. A paradicsomot is félbevágjuk. A cukkinit és a paradicsomot megkenjük olívaolajjal a vágott oldalát, majd sózzuk, borsozzuk.
c) Mostanra a serpenyőnek forrónak kell lennie. Kezdje a cukkinivel. Tegyünk néhányat a serpenyőre, vágott oldalukkal lefelé, és főzzük 5 percig; a cukkini az egyik oldalán szépen megpiruljon. Most távolítsa el a cukkinit, és ismételje meg ugyanezt a folyamatot a paradicsommal. Tegye a zöldségeket egy serpenyőbe, és tegye a sütőbe körülbelül 20 percre, amíg a cukkini nagyon megpuhul.
d) Vegye ki a serpenyőt a sütőből, és hagyja kissé kihűlni a zöldségeket. Vágjuk durvára, és hagyjuk szűrőedényben 15 percig lecsepegni.

e) Keverje össze a joghurtot, a fokhagymát, a chilit, a citrom héját és levét, valamint a melaszt egy nagy keverőtálban. Adjuk hozzá az apróra vágott zöldségeket, a diót, a mentát és a petrezselyem nagy részét, és jól keverjük össze. ¾ teáskanál sóval és némi borssal ízesítjük.

f) Tegye át a salátát egy nagy, sekély tálra, és terítse szét. A maradék petrezselyemmel díszítjük. Végül meglocsoljuk datolyasziruppal és olívaolajjal.

41. **Tabbouleh**

Gyártmány: 4 nagyvonalúan

ÖSSZETEVŐK

- ½ csésze / 30 g finom bulgur búza
- 2 nagy paradicsom, érett, de kemény (10½ uncia / 300 g összesen)
- 1 medvehagyma finomra vágva (3 evőkanál / 30 g összesen)
- 3 evőkanál frissen facsart citromlé, plusz egy kis extra a befejezéshez
- 4 nagy csokor lapos levelű petrezselyem (összesen 5½ oz / 160 g)
- 2 csokor menta (1 uncia / 30 g összesen)
- 2 tk őrölt szegfűbors
- 1 tk baharat fűszerkeverék (bolti vagylásd a receptet)
- ½ csésze / 80 ml kiváló minőségű olívaolaj
- körülbelül ½ nagy gránátalma magja (½ csésze / összesen 70 g), opcionális
- sót és frissen őrölt fekete borsot

UTASÍTÁS

a) A bulgurt finom szitába tesszük, és hideg víz alá tesszük, amíg az átfolyó víz tisztának nem tűnik, és a keményítő nagy részét eltávolítjuk. Tedd át egy nagy keverőtálba.

b) Egy kis fogazott késsel vágja a paradicsomot 0,5 cm vastag szeletekre. Vágja az egyes szeleteket 0,5 cm-es csíkokra, majd kockákra. Tedd a tálba a paradicsomot és a levét, a medvehagymával és a citromlével együtt, és jól keverd össze.

c) Vegyünk néhány szál petrezselymet, és szorosan csomagoljuk össze. Egy nagy, nagyon éles késsel vágja le a legtöbb szárat, és dobja ki. Most használja a kést a szárak és a levelek felfelé mozgatásához, fokozatosan „táplálja" a kést, hogy a petrezselymet a lehető legfinomabbra aprítsa, és próbálja meg elkerülni, hogy 1/16 hüvelyknél / 1 mm-nél szélesebb darabokat vágjon. Adjuk hozzá a tálhoz.

d) Vágja le a menteleveleket a szárról, csomagoljon össze néhányat szorosan, és aprítsa apróra, mint a petrezselymet; ne aprítsa fel őket nagyon, mert hajlamosak elszíneződni. Adjuk hozzá a tálhoz.

e) Végül hozzáadjuk a szegfűborsot, a baharátot, az olívaolajat, a gránátalmát, ha használunk, és egy kis sót és borsot. Kóstoljuk meg, ízlés szerint még sózzuk, borsozzuk, esetleg egy kevés citromlevet, és tálaljuk.

42. Sült burgonya karamellel és aszalt szilvával

Gyártmány: 4

ÖSSZETEVŐK
- 2¼ font / 1 kg lisztes burgonya, például rozsda
- ½ csésze / 120 ml libazsír
- 5 oz / 150 g egész puha Agen aszalt szilva, kimagozva
- ½ csésze / 90 g szuperfinom cukor
- 3½ evőkanál / 50 ml jeges víz
- só

UTASÍTÁS

a) Melegítsük elő a sütőt 475°F / 240°C-ra.
b) A burgonyát meghámozzuk, a kicsiket egészben hagyjuk, a nagyobbakat pedig félbevágjuk, így körülbelül 60 g-os darabokat kapunk. Öblítsük le hideg víz alatt, majd tegyük a burgonyát egy nagy serpenyőbe bő friss hideg vízzel. Forraljuk fel, és forraljuk 8-10 percig. A burgonyát jól csepegtessük le, majd rázzuk fel a szűrőt, hogy a széle érdes legyen.
c) A libazsírt egy serpenyőbe tesszük, és a sütőben füstölésig melegítjük, körülbelül 8 percig. Óvatosan vegyük ki a serpenyőt a sütőből, és a megfőtt burgonyát fémfogóval a forró zsiradékhoz adjuk, közben megforgatjuk a zsírban. Óvatosan helyezze a serpenyőt a sütő legmagasabb rácsára, és süsse 50-65 percig, vagy amíg a burgonya aranybarna és kívül ropogós lesz. Főzés közben időnként fordítsa meg őket.
d) Ha a burgonya már majdnem kész, vegye ki a tálcát a sütőből, és billentse egy hőálló tál fölé, hogy a zsír nagy részét eltávolítsa. Adjunk hozzá ½ teáskanál sót és az aszalt szilvát, és óvatosan keverjük össze. Tegyük vissza a sütőbe további 5 percre.
e) Ezalatt elkészítjük a karamellt. Tegye a cukrot egy tiszta, vastag aljú serpenyőbe, és tegye lassú tűzre. Keverés nélkül figyelje, hogy a cukor gazdag karamellszínűvé váljon. Ügyeljen arra, hogy mindig a cukron tartsa a szemét. Amint elérte ezt a színt, vegye le a serpenyőt a tűzről. Tartsa a serpenyőt biztonságos távolságban az arcától, és gyorsan öntse a jeges vizet a karamellbe, hogy megakadályozza a főzést. Tegyük vissza a tűzre, és keverjük össze, hogy eltávolítsuk a cukordarabokat.
f) Tálalás előtt keverjük bele a karamellt a burgonyába és az aszalt szilvába. Tedd egy tálba, és azonnal fogyaszd.

43. Svájci mángold tahinivel, joghurttal és vajas fenyőmaggal

Gyártmány: 4

ÖSSZETEVŐK

- 2¾ font / 1,3 kg svájci mángold
- 2½ evőkanál / 40 g sótlan vaj
- 2 evőkanál olívaolaj, plusz plusz a befejezéshez
- 5 evőkanál / 40 g fenyőmag
- 2 kis gerezd fokhagyma, nagyon vékonyra szeletelve
- ¼ csésze / 60 ml száraz fehérbor
- édes paprika, díszítéshez (elhagyható)
- sót és frissen őrölt fekete borsot

TAHINI ÉS JOGURT SZÓSZ

- 3½ evőkanál / 50 g világos tahini paszta
- 4½ evőkanál / 50 g görög joghurt
- 2 evőkanál frissen facsart citromlé
- 1 gerezd fokhagyma, összetörve
- 2 evőkanál víz

UTASÍTÁS

a) Kezdje a szósszal. Tegyük az összes hozzávalót egy közepes tálba, adjunk hozzá egy csipet sót, és egy kis habverővel keverjük jól, amíg sima, félkemény masszát nem kapunk. Félretesz, mellőz.

b) Éles késsel válassza el a fehér mángold szárát a zöld levelektől, és vágja mindkettőt ¾ hüvelyk / 2 cm széles szeletekre, külön tartva őket. Forraljunk fel egy nagy lábas sós vizet, és adjuk hozzá a mángold szárát. 2 percig pároljuk, hozzáadjuk a leveleket, és még egy percig főzzük. Lecsepegtetjük és hideg víz alatt jól átöblítjük. Hagyja lefolyni a vizet, majd a kezével nyomja össze a mángoldot, amíg teljesen meg nem szárad.

c) Tegye a vaj felét és a 2 evőkanál olívaolajat egy nagy serpenyőbe, és helyezze közepes lángra. Ha már felforrósodott, adjuk hozzá a fenyőmagot, és dobjuk a serpenyőbe aranybarnára, körülbelül 2 perc alatt. Egy lyukas kanál segítségével távolítsa el őket a serpenyőből, majd dobja bele a fokhagymát. Körülbelül egy percig főzzük, amíg aranyszínűvé nem kezd. Óvatosan (kiköp!)

öntsük hozzá a bort. Hagyja állni egy percig vagy kevesebbet, amíg körülbelül egyharmadára csökken. Adjuk hozzá a mángoldot és a többi vajat, és főzzük 2-3 percig, időnként megkeverve, amíg a mángold teljesen fel nem melegszik. ½ teáskanál sóval és kevés fekete borssal ízesítjük.

d) Osszuk szét a mángoldot az egyes tálak között, öntsünk rá egy kis tahini szószt, és szórjuk meg a fenyőmaggal. Végül meglocsoljuk olívaolajjal, és ízlés szerint megszórjuk egy kis fűszerpaprikával.

44. Hannukah Sabih

Gyártmány: 4

ÖSSZETEVŐK

- 2 nagy padlizsán (összesen kb. 1⅔ font / 750 g)
- körülbelül 1¼ csésze / 300 ml napraforgóolaj
- 4 szelet jó minőségű fehér kenyér, pirított, vagy friss és nedves mini pita
- 1 csésze / 240 ml Tahini szósz
- 4 nagy szabadtartású tojás keményre főzve, meghámozva és 1 cm vastag szeletekre vágva vagy negyedelve
- körülbelül 4 evőkanál Zhoug
- amba vagy sós mangó savanyúság (elhagyható)
- sót és frissen őrölt fekete borsot

APRÁTOTT SALÁTA

- 2 közepes érett paradicsom 1 cm-es kockákra vágva (összesen kb. 1 csésze / 200 g)
- 2 mini uborka ⅜ hüvelykes / 1 cm-es kockákra vágva (összesen kb. 1 csésze / 120 g)
- 2 zöldhagyma, vékonyra szeletelve
- 1½ evőkanál apróra vágott lapos petrezselyem
- 2 tk frissen facsart citromlé
- 1½ evőkanál olívaolaj

UTASÍTÁS

a) Zöldséghámozóval hámozd le a padlizsán bőrcsíkjait felülről lefelé, és hagyd a padlizsánon váltakozó fekete bőr- és fehér húscsíkokat, amelyek zebraszerűek. Vágja mindkét padlizsánt szélességében 1 hüvelyk / 2,5 cm vastag szeletekre. Mindkét oldalukat szórjuk meg sóval, majd terítsük ki egy tepsire, és hagyjuk állni legalább 30 percig, hogy eltávolítsa a vizet. Használjon papírtörlőt a törléshez.

b) Egy széles serpenyőben felforrósítjuk a napraforgóolajat. A padlizsánszeleteket óvatosan – az olajköpéseken – szép és sötétre sütjük, egyszer megforgatva, összesen 6-8 percig. Ha szükséges, adjon hozzá olajat a főzés során. Ha kész, a padlizsándaraboknak teljesen puhának kell lenniük a közepén. Kivesszük a tepsiből és papírtörlőn lecsepegtetjük.

c) Az apróra vágott salátát úgy készítsük el, hogy az összes hozzávalót összekeverjük, és ízlés szerint sózzuk, borsozzuk.

d) Közvetlenül tálalás előtt minden tányérra tegyünk 1 szelet kenyeret vagy pitát. Minden szeletre kanalazunk 1 evőkanál tahini szószt, majd a padlizsánszeleteket egymásra helyezzük. Csepegtess rá még egy kis tahinit, de anélkül, hogy teljesen befedné a padlizsánszeleteket. Mindegyik tojásszeletet sóval és borssal ízesítjük, és a padlizsánra helyezzük. Csorgassunk még tahinit a tetejére, és kanalazzuk rá annyi zhoug-ot, amennyit csak szeretnénk; vigyázz, meleg van! Ízlés szerint kanalazzuk rá a mangós savanyúságot is. A zöldségsalátát az oldalára tálaljuk, tetszés szerint minden adag tetejére kanalazunk.

45. Latkes

Gyártmány: 12 LATKES

ÖSSZETEVŐK

- 5½ csésze / 600 g hámozott és reszelt meglehetősen viaszos burgonya, például Yukon Gold
- 2¾ csésze / 300 g hámozott és reszelt paszternák
- ⅔ csésze / 30 g metélőhagyma, apróra vágva
- 4 tojás fehérje
- 2 evőkanál kukoricakeményítő
- 5 evőkanál / 80 g sótlan vaj
- 6½ evőkanál / 100 ml napraforgóolaj
- sót és frissen őrölt fekete borsot
- tejföl, tálalni

UTASÍTÁS

a) Öblítse le a burgonyát egy nagy tál hideg vízben. Egy szűrőedényben szűrjük le, nyomjuk ki a felesleges vizet, majd terítsük ki a burgonyát egy tiszta konyharuhára, hogy teljesen megszáradjon.
b) Egy nagy tálban keverjük össze a burgonyát, a paszternákot, a metélőhagymát, a tojásfehérjét, a kukoricakeményítőt, 1 teáskanál sót és sok fekete borsot.
c)
d) A vaj felét és az olaj felét felhevítjük egy nagy serpenyőben, közepes lángon. Kezével válasszon ki körülbelül 2 evőkanálnyi latke-keveréket, nyomja meg erősen, hogy eltávolítsa a folyadék egy részét, és formázzon vékony, körülbelül 1 cm vastag és 8 cm átmérőjű pogácsákat. Óvatosan tegyen annyi latke-ot a serpenyőbe, amennyi kényelmesen elfér, finoman nyomja le, és egy kanál hátával egyengesse el. Közepes lángon mindkét oldalát 3 percig sütjük. A latkéknak kívülről teljesen barnának kell lenniük. A megsült tejszínt kivesszük az olajból, papírtörlőre tesszük, és melegen tartjuk, míg a többit sütjük. Szükség szerint hozzáadjuk a maradék vajat és olajat. Egyből tálaljuk, mellé tejföllel.

46. **Hannukah Falafel**

Készítmény: Körülbelül 20 GOLYÓ

ÖSSZETEVŐK

- 1¼ csésze / 250 g szárított csicseriborsó
- ½ közepes hagyma, apróra vágva (½ csésze / összesen 80 g)
- 1 gerezd fokhagyma, összetörve
- 1 evőkanál finomra vágott lapos petrezselyem
- 2 evőkanál finomra vágott koriander
- ¼ tk cayenne bors
- ½ teáskanál őrölt kömény
- ½ teáskanál őrölt koriander
- ¼ tk őrölt kardamom
- ½ teáskanál sütőpor
- 3 evőkanál víz
- 1½ evőkanál univerzális liszt
- kb 3 csésze / 750 ml napraforgóolaj, olajban sütéshez
- ½ teáskanál szezámmag, bevonáshoz
- só

UTASÍTÁS

a) Tegye a csicseriborsót egy nagy tálba, és öntse fel hideg vízzel, legalább kétszeresére. Tedd félre egy éjszakára ázni.

b) Másnap a csicseriborsót jól lecsepegtetjük, és összekeverjük a hagymával, fokhagymával, petrezselyemmel és korianderrel. A legjobb eredmény érdekében használjon húsdarálót a következő részhez. Tegye át a csicseriborsó keverékét egyszer a gépen, állítsa be a legfinomabb fokozatra, majd engedje át másodszor is a gépen. Ha nincs húsdarálód, használj konyhai robotgépet. A keveréket adagokban, 30-40 másodpercig pulzálva gyorsítsuk, amíg finomra aprított, de nem pépes vagy pépes lesz, és össze nem tartja magát. A feldolgozás után hozzáadjuk a fűszereket, a sütőport, a ¾ teáskanál sót, a lisztet és a vizet. Kézzel alaposan keverjük simára és egyneművé. Fedjük le a keveréket, és tegyük a hűtőbe legalább 1 órára, vagy felhasználásig.

c) Töltsön meg egy mély, vastag fenekű, közepes serpenyőt annyi olajjal, hogy 7 cm-rel feljebb kerüljön a serpenyő oldalain. Melegítsük fel az olajat 350 °F / 180 °C-ra.
d) Nedves kézzel nyomjon 1 evőkanálnyi keveréket a tenyerébe, hogy egy kis dió méretű pogácsát vagy golyót formázzon, körülbelül 25 g-os (ehhez használhatunk nedves fagylaltkanalat is).).
e) A golyókat egyenletesen megszórjuk szezámmaggal, és adagonként 4 percig sütjük őket, amíg jól megbarnulnak és átsülnek. Fontos, hogy belül valóban kiszáradjanak, ezért ügyeljünk arra, hogy elegendő időt kapjanak az olajban. Papírtörlővel bélelt szűrőedényben leszűrjük, és egyből tálaljuk.

47. Búzabogyók és mángold gránátalma melaszokkal

Gyártmány: 4

ÖSSZETEVŐK

- 1⅓ lb / 600 g mángold vagy szivárványos mángold
- 2 evőkanál olívaolaj
- 1 evőkanál sótlan vaj
- 2 nagy póréhagyma, fehér és halványzöld részek, vékonyra szeletelve (3 csésze / összesen 350 g)
- 2 evőkanál világos barna cukor
- kb 3 evőkanál gránátalma melasz
- 1¼ csésze / 200 g hántolatlan vagy hántolatlan búzabogyó
- 2 csésze / 500 ml csirke alaplé
- sót és frissen őrölt fekete borsot
- Görög joghurt, tálaláshoz

UTASÍTÁS

a) Válasszuk le a mángold fehér szárát a zöld levelektől egy kis, éles késsel. Szeletelje fel a szárakat 1 cm-es szeletekre, a leveleket pedig 2 cm-es szeletekre.

b) Egy nagy, vastag aljú serpenyőben felforrósítjuk az olajat és a vajat. Hozzáadjuk a póréhagymát, és kevergetve 3-4 percig főzzük. Adjuk hozzá a mángold szárát, és főzzük 3 percig, majd adjuk hozzá a leveleket, és főzzük további 3 percig. Adjuk hozzá a cukrot, 3 evőkanál gránátalma melaszt és a búzabogyókat, és jól keverjük össze. Adjuk hozzá az alaplevet, ¾ teáskanál sót és némi fekete borsot, forraljuk fel enyhén lassú tűzön, és főzzük alacsony lángon, lefedve 60-70 percig. A búzának ezen a ponton al dente kell lennie.

c) Vegye le a fedőt, és ha szükséges, növelje a hőt, és hagyja, hogy a maradék folyadék elpárologjon. A serpenyő alja legyen száraz, és legyen rajta egy kis égett karamell. Levesszük a tűzről.

d) Tálalás előtt kóstolja meg és adjon hozzá még melaszt, sót és borsot, ha szükséges; élesen és édesen szeretnéd, szóval ne félj a melasztól. Melegen, egy csésze görög joghurttal tálaljuk.

48. **Hannukah Balilah**

Gyártmány: 4

ÖSSZETEVŐK

- 1 csésze / 200 g szárított csicseriborsó
- 1 tk szódabikarbóna
- 1 csésze / 60 g apróra vágott lapos petrezselyem
- 2 zöldhagyma, vékonyra szeletelve
- 1 nagy citrom
- 3 evőkanál olívaolaj
- 2½ teáskanál őrölt kömény
- sót és frissen őrölt fekete borsot

UTASÍTÁS

a) Előző este tedd a csicseriborsót egy nagy tálba, és öntsd fel hideg vízzel legalább kétszeres térfogatú. Adjuk hozzá a szódabikarbónát, és hagyjuk szobahőmérsékleten ázni egy éjszakán át.

b) A csicseriborsót lecsepegtetjük, és egy nagy serpenyőbe tesszük. Felöntjük bő hideg vízzel, és nagy lángra tesszük. Forraljuk fel, hámozzuk le a víz felszínét, majd csökkentsük a hőt, és főzzük 1-1,5 órán át, amíg a csicseriborsó nagyon megpuhul, de megtartja alakját.

c) Amíg a csicseriborsó fő, tedd egy nagy keverőtálba a petrezselymet és a zöldhagymát. Hámozzuk meg a citromot úgy, hogy felöntjük és meghámozzuk, deszkára helyezzük, és egy kis éles késsel húzzuk végig a íveit, hogy eltávolítsuk a bőrt és a fehér magot. Dobja el a bőrt, a magot és a magokat, és vágja durvára a húst. Adja hozzá a húst és az összes levet a tálba.

d) Ha kész a csicseriborsó, leszűrjük, és még forrón hozzáadjuk a tálba. Adjuk hozzá az olívaolajat, a köményt, ¾ teáskanál sót és egy jó őrölt borsot. Jól összekeverni. Hagyjuk langyosra hűlni, kóstoljuk meg a fűszerezést, és tálaljuk.

49. Basmati rizs és orzo

Gyártmány: 6

ÖSSZETEVŐK

- 1⅓ csésze / 250 g basmati rizs
- 1 evőkanál olvasztott ghí vagy sótlan vaj
- 1 evőkanál napraforgóolaj
- ½ csésze / 85 g orzo
- 2½ csésze / 600 ml csirke alaplé
- 1 teáskanál só

UTASÍTÁS

a) A basmati rizst alaposan megmossuk, majd egy nagy tálba tesszük, és felöntjük bő hideg vízzel. Hagyjuk 30 percig ázni, majd csepegtessük le.

b) Melegítsük fel a ghít és az olajat közepesen magas lángon egy közepesen vastag aljú serpenyőben, amelyhez fedő van. Adjuk hozzá az orzót, és pároljuk 3-4 percig, amíg a szemek sötétarany színűvé nem válnak. Adjuk hozzá az alaplevet, forraljuk fel, és főzzük 3 percig. Adjuk hozzá a lecsepegtetett rizst és a sót, forraljuk fel enyhén, keverjük meg egyszer-kétszer, fedjük le az edényt, és lassú tűzön pároljuk 15 percig. Ne essen kísértésbe, hogy felfedje a serpenyőt; hagynia kell, hogy a rizs megfelelően megpároljon.

c) Kapcsolja ki a hőt, vegye le a fedőt, és gyorsan fedje le a serpenyőt egy tiszta konyharuhával. Helyezze vissza a fedőt a törülköző tetejére, és hagyja állni 10 percig. Tálalás előtt a rizst egy villával pucoljuk meg.

50. Sáfrány rizs borbolával, pisztáciával és vegyes fűszernövényekkel

Gyártmány: 6

ÖSSZETEVŐK

- 2½ evőkanál / 40 g sótlan vaj
- 2 csésze / 360 g basmati rizs, hideg vízzel leöblítve és jól lecsepegtetve
- 2⅓ csésze / 560 ml forrásban lévő víz
- 1 teáskanál sáfrányszál, 3 evőkanál forrásban lévő vízben 30 percig áztatva
- ¼ csésze / 40 g szárított borbolya, néhány percre forrásban lévő vízbe áztatva egy csipet cukorral
- 1 uncia / 30 g kapor, durvára vágva
- ⅔ oz / 20 g cseresznye, durvára vágva
- ⅓ oz / 10 g tárkony, durvára vágva
- ½ csésze / 60 g apróra vágott vagy zúzott sózatlan pisztácia, enyhén pirítva
- sót és frissen őrölt fehér borsot

UTASÍTÁS

a) Olvasszuk fel a vajat egy közepes serpenyőben, és keverjük hozzá a rizst, ügyelve arra, hogy a szemek jól bevonják a vajat. Adjuk hozzá a forrásban lévő vizet, 1 teáskanál sót és egy kis fehér borsot. Jól keverjük össze, fedjük le szorosan záródó fedéllel, és hagyjuk nagyon alacsony lángon főni 15 percig. Ne essen kísértésbe, hogy felfedje a serpenyőt; hagynia kell, hogy a rizs megfelelően megpároljon.

b) Vegyük le a rizsserpenyőt a tűzről – a rizs az összes vizet magába szívja –, és öntsük a sáfrányos vizet a rizs egyik oldalára úgy, hogy a felület körülbelül egynegyedét borítsuk be, és a nagy része fehér marad. Azonnal fedje le a serpenyőt konyharuhával, és szorosan zárja le a fedővel. Tedd félre 5-10 percre.

c) Egy nagy kanál segítségével távolítsa el a rizs fehér részét egy nagy keverőtálba, és villával pörgesse fel. Csepegtessük le a borbolát, és keverjük hozzá, majd a fűszernövényeket és a pisztácia nagy részét, hagyjunk néhányat a díszítéshez. Jól összekeverni. A sáfrányos rizst villával puhára forgatjuk, és óvatosan a fehér rizsbe forgatjuk. Ne keverje túl – nem akarja, hogy a fehér szemcséket a sárga foltos legyen. Kóstoljuk meg és állítsuk be a fűszerezést. Tegye át a rizs egy sekély tálba, és szórja rá a maradék pisztáciát. Melegen vagy szobahőmérsékleten tálaljuk.

51. Basmati és vadrizs csicseriborsóval, ribizlivel és fűszernövényekkel

Gyártmány: 6

ÖSSZETEVŐK

- ⅓ csésze / 50 g vadrizs
- 2½ evőkanál olívaolaj
- lekerekített 1 csésze / 220 g basmati rizs
- 1½ csésze / 330 ml forrásban lévő víz
- 2 tk köménymag
- 1½ teáskanál curry por
- 1½ csésze / 240 g főtt és lecsepegtetett csicseriborsó (konzerv is jó)
- ¾ csésze / 180 ml napraforgóolaj
- 1 közepes vöröshagyma, vékonyra szeletelve
- 1½ teáskanál univerzális liszt
- ⅔ csésze / 100 g ribizli
- 2 evőkanál apróra vágott lapos petrezselyem
- 1 evőkanál apróra vágott koriander
- 1 evőkanál apróra vágott kapor
- sót és frissen őrölt fekete borsot

UTASÍTÁS

a) Kezdje azzal, hogy a vadrizst egy kis serpenyőbe tesszük, felöntjük bő vízzel, felforraljuk, és körülbelül 40 percig pároljuk, amíg a rizs meg nem fő, de még elég kemény. Lecsepegtetjük és félretesszük.

b) A basmati rizs elkészítéséhez öntsön 1 evőkanál olívaolajat egy közepes méretű serpenyőbe, szorosan záródó fedővel, és helyezze magas lángra. Adjuk hozzá a rizst és ¼ teáskanál sót, és keverjük össze, miközben felmelegítjük a rizst. Óvatosan öntsük hozzá a forrásban lévő vizet, csökkentsük a hőt nagyon alacsonyra, fedjük le az edényt, és hagyjuk főni 15 percig.

c) Vegyük le a serpenyőt a tűzről, fedjük le tiszta konyharuhával, majd fedjük le, és hagyjuk 10 percig a tűzről.

d) Amíg a rizs fő, elkészítjük a csicseriborsót. A maradék 1½ evőkanál olívaolajat egy kis serpenyőben nagy lángon felhevítjük. Adjuk hozzá a köménymagot és a curryport, várjunk néhány másodpercet, majd adjuk hozzá a csicseriborsót és ¼ teáskanál sót; ügyeljen arra, hogy ezt gyorsan tegye, különben a fűszerek megéghetnek az olajban. Egy-két percig kevergessük a tűzön, hogy a csicseriborsó felmelegedjen, majd tegyük át egy nagy keverőtálba.

e) Törölje tisztára a serpenyőt, öntse bele a napraforgóolajat, és helyezze magas lángra. Győződjön meg róla, hogy az olaj forró, dobjon bele egy kis darab hagymát; erőteljesen sercegnie kell. Kezével keverje össze a hagymát a liszttel, hogy kissé bevonja. Vegyünk egy keveset a hagymából, és óvatosan (kiköphet!) helyezzük bele az olajba. 2-3 percig sütjük, amíg aranybarna nem lesz, majd papírtörlőre tesszük lecsepegni, és megszórjuk sóval. Ismételje meg adagonként, amíg az összes hagyma megpirul.

f) Végül adjunk hozzá mindkét fajta rizst a csicseriborsóhoz, majd adjuk hozzá a ribizlit, a fűszernövényeket és a pirított hagymát. Keverjük össze, kóstoljuk meg, sózzuk, borsozzuk ízlés szerint. Melegen vagy szobahőmérsékleten tálaljuk.

52. Árpa rizottó pácolt fetával

Gyártmány: 4

ÖSSZETEVŐK

- 1 csésze / 200 g gyöngy árpa
- 2 evőkanál / 30 g sótlan vaj
- 6 evőkanál / 90 ml olívaolaj
- 2 kis zellerszár, 0,5 cm-es kockákra vágva
- 2 kis medvehagyma 0,5 cm-es kockákra vágva
- 4 gerezd fokhagyma, 1/16 hüvelykes / 2 mm-es kockákra vágva
- 4 szál kakukkfű
- ½ teáskanál füstölt paprika
- 1 babérlevél
- 4 csík citromhéj
- ¼ tk chili pehely
- egy 14 uncia / 400 g-os doboz apróra vágott paradicsom
- 3 csésze / 700 ml zöldségalaplé
- 1¼ csésze / 300 ml passata (szitált zúzott paradicsom)
- 1 evőkanál kömény
- 10½ uncia / 300 g feta sajt, nagyjából 2 cm-es darabokra törve
- 1 evőkanál friss oregánó levél
- só

UTASÍTÁS

a) Az árpát alaposan öblítsük le hideg víz alatt, és hagyjuk lecsepegni.
b) Olvasszuk fel a vajat és 2 evőkanál olívaolajat egy nagyon nagy serpenyőben, és süssük puhára a zellert, a medvehagymát és a fokhagymát enyhe lángon 5 percig. Adjuk hozzá az árpát, a kakukkfüvet, a paprikát, a babérlevelet, a citromhéjat, a chili pehelyt, a paradicsomot, az alaplevet, a passatát és a sót. Keverjük össze. Forraljuk fel a keveréket, majd csökkentsük nagyon enyhe lassú tűzön, és főzzük 45 percig, gyakran kevergetve, hogy a rizottó ne ragadjon rá a serpenyő aljára. Ha kész, az árpának puhanak kell lennie, és a folyadék nagy része felszívódik.

c) Közben a köménymagot száraz serpenyőben pár percig pirítjuk. Ezután enyhén törje össze őket, hogy néhány egész mag maradjon. Adja hozzá őket a fetához a maradék 4 evőkanál / 60 ml olívaolajjal, és óvatosan keverje össze.
d) Ha kész a rizottó, ellenőrizze a fűszerezést, majd ossza el négy sekély tálba. Mindegyik tetejére tegyük meg a pácolt fetát, beleértve az olajat, és egy oregánólevéllel.

53. Conchiglie joghurttal, borsóval és Chilével

Gyártmány: 6

ÖSSZETEVŐK

- 2½ csésze / 500 g görög joghurt
- ⅔ csésze / 150 ml olívaolaj
- 4 gerezd fokhagyma, zúzott
- 1 font / 500 g friss vagy felolvasztott fagyasztott borsó
- 1 font / 500 g conchiglie tészta
- ½ csésze / 60 g fenyőmag
- 2 tk török vagy szír chili pehely (vagy kevesebb, attól függően, hogy mennyire fűszeresek)
- 1⅔ csésze / 40 g bazsalikomlevél, durvára tépve
- 240 g feta sajt, darabokra törve
- sót és frissen őrölt fehér borsot

UTASÍTÁS

a) Tegye robotgépbe a joghurtot, 6 evőkanál / 90 ml olívaolajat, a fokhagymát és ⅔ csésze / 100 g borsót. Forraljuk egynemű halványzöld szószba, és öntsük át egy nagy keverőtálba.

b) A tésztát bő, sós forrásban lévő vízben al dente főzzük. Amíg a tészta fő, hevítsük fel a maradék olívaolajat egy kis serpenyőben, közepes lángon. Hozzáadjuk a fenyőmagot és a chili pehelyet, és 4 percig sütjük, amíg a dió aranybarna, az olaj pedig mélypiros nem lesz. A maradék borsót is felforrósítjuk forrásban lévő vízben, majd leszűrjük.

c) A kifőtt tésztát szűrőedénybe szűrjük, alaposan rázzuk fel, hogy megszabaduljon a víztől, és fokozatosan adjuk hozzá a tésztát a joghurtos szószhoz; Ha egyszerre ad hozzá, a joghurt széteshet. Adjuk hozzá a meleg borsót, a bazsalikomot, a fetát, 1 teáskanál sót és ½ teáskanál fehér borsot. Óvatosan forgasd össze, öntsd át az egyes edényekbe, és kanalazd rá a fenyőmagot és annak olaját.

54. **Mejadra**

Gyártmány: 6

ÖSSZETEVŐK
- 1¼ csésze / 250 g zöld vagy barna lencse
- 4 közepes hagyma (1½ lb / 700 g hámozás előtt)
- 3 evőkanál univerzális liszt
- körülbelül 1 csésze / 250 ml napraforgóolaj
- 2 tk köménymag
- 1½ evőkanál koriandermag
- 1 csésze / 200 g basmati rizs
- 2 evőkanál olívaolaj
- ½ teáskanál őrölt kurkuma
- 1½ teáskanál őrölt szegfűbors
- 1½ teáskanál őrölt fahéj
- 1 tk cukor
- 1½ csésze / 350 ml víz
- sót és frissen őrölt fekete borsot

UTASÍTÁS
a) A lencsét egy kis serpenyőbe tesszük, felöntjük bő vízzel, felforraljuk, és 12-15 percig főzzük, amíg a lencse megpuhul, de még van egy kis falat. Lecsepegtetjük és félretesszük.
b) A hagymát megpucoljuk és vékonyan felszeleteljük. Tedd egy nagy lapos tányérra, szórd meg a liszttel és 1 teáskanál sóval, majd jól keverd össze kézzel. Melegítsük fel a napraforgóolajat egy közepesen vastag aljú serpenyőben, amelyet nagy lángra helyezünk. Győződjön meg róla, hogy az olaj forró, dobjon bele egy kis darab hagymát; erőteljesen sercegnie kell. Csökkentse a lángot közepesen magasra, és óvatosan (kiköphet!) adjuk hozzá a felszeletelt hagyma egyharmadát. Süssük 5-7 percig, időnként megkeverve lyukaskanállal, amíg a hagyma szép aranybarna színt nem kap és ropogós nem lesz (a hőmérsékletet úgy állítsuk be, hogy a hagyma ne süljön túl gyorsan és ne égjen meg). A kanál segítségével tegyük át a hagymát egy papírtörlővel bélelt szűrőedénybe, és szórjuk meg még egy kevés sóval. Ugyanezt

tegye a másik két adag hagymával; ha szükséges, adjunk hozzá egy kevés olajat.
c) Törölje tisztára a serpenyőt, amelyben a hagymát sütötte, és tegye bele a köményt és a koriandermagot. Közepes lángra tesszük, és egy-két percig pirítjuk a magokat. Adjuk hozzá a rizst, az olívaolajat, a kurkumát, a szegfűborsot, a fahéjat, a cukrot, ½ teáskanál sót és sok fekete borsot. Keverjük össze, hogy a rizst bevonja az olajjal, majd adjuk hozzá a főtt lencsét és a vizet. Forraljuk fel, fedjük le, és lassú tűzön pároljuk 15 percig.
d) Vegyük le a tűzről, emeljük le a fedőt, és gyorsan fedjük le a serpenyőt egy tiszta konyharuhával. Zárja le szorosan a fedéllel, és tegye félre 10 percig.
e) Végül a rizshez és a lencséhez adjuk a pirított hagyma felét, és villával óvatosan keverjük össze. A keveréket egy sekély tálba halmozzuk, és a tetejére tesszük a többi hagymát.

55. Hannukah Maqluba

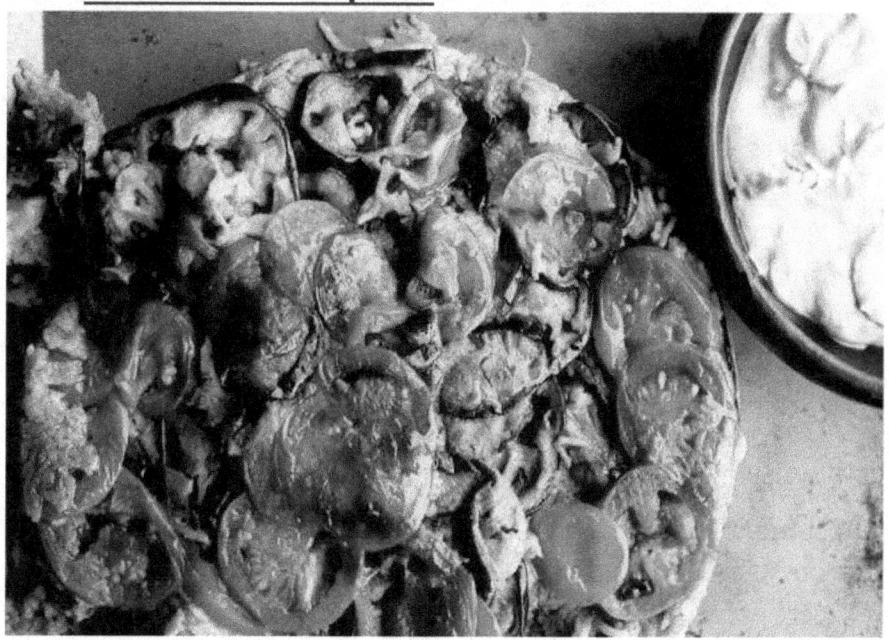

Gyártmány: 4-6

ÖSSZETEVŐK

- 2 közepes padlizsán (összesen 1½ font / 650 g), 0,5 cm-es szeletekre vágva
- 1⅔ csésze / 320 g basmati rizs
- 6-8 kicsontozott csirkecomb bőrrel együtt, összesen körülbelül 1¾ font / 800 g
- 1 nagy hagyma, hosszában felnegyedelve
- 10 szem fekete bors
- 2 babérlevél
- 4 csésze / 900 ml víz
- napraforgóolaj, sütéshez
- 1 közepes karfiol (1 font / 500 g), nagy virágokra osztva
- olvasztott vaj, a tepsi kikenéséhez
- 3-4 közepes érett paradicsom (12 uncia / 350 g összesen), 0,5 cm vastag szeletekre vágva
- 4 nagy gerezd fokhagyma, félbevágva
- 1 tk őrölt kurkuma
- 1 tk őrölt fahéj
- 1 tk őrölt szegfűbors
- ¼ teáskanál frissen őrölt fekete bors
- 1 tk baharat fűszerkeverék (bolti vagylásd a receptet)
- 3½ evőkanál / 30 g fenyőmag, 1 evőkanál / 15 g ghí-ben vagy sótlan vajban aranysárgára sütve
- Joghurt uborkával, kiszolgálni
- só

UTASÍTÁS

a) Tegye a padlizsánszeleteket papírtörlőre, szórja meg mindkét oldalát sóval, és hagyja állni 20 percig, hogy a víz egy része elfogyjon.

b) Mossa meg a rizst, és áztassa bő hideg vízben és 1 teáskanál sóban legalább 30 percig.

c) Közben melegítsen fel egy nagy serpenyőt közepesen magas lángon, és süsse a csirkét 3-4 percig mindkét oldalán, amíg aranybarna nem lesz (a csirke bőrének elegendő olajat kell termelnie a sütéshez; ha szükséges, adjon hozzá egy kevés napraforgóolajat). Adjuk hozzá a hagymát, a szemes borsot, a babérlevelet és a vizet. Forraljuk fel, majd fedjük le, és lassú tűzön főzzük 20 percig. Vegye ki a csirkét a serpenyőből, és tegye félre. Az alaplevet leszűrjük, és a zsírt lefölözzük későbbre.

d) Amíg a csirke sül, melegítsen fel egy serpenyőt vagy holland sütőt, lehetőleg tapadásmentes, nagyjából 24 cm átmérőjű és 12 cm mély, közepes-magas lángon. Adjon hozzá annyi napraforgóolajat, hogy körülbelül 2 cm-rel feljebb kerüljön a serpenyő oldalain. Amikor kis buborékokat látsz a felszínen, óvatosan (lehet, hogy kiköpködik!) helyezzen néhány karfiol rózsát az olajba, és süsse aranybarnára, legfeljebb 3 percig. Egy lyukas kanál segítségével vigye át az első adagot papírtörlőre, és szórja meg sóval. Ismételje meg a maradék karfiollal.

e) Papírtörlővel szárítsa meg a padlizsánszeleteket, és hasonló módon, adagonként süsse meg őket.

f) Távolítsa el az olajat a serpenyőből, és törölje tisztára a serpenyőt. Ha nem tapadásmentes tepsiről van szó, bélelje ki az alját egy pontosan méretre vágott sütőpapírral, majd kenje meg az oldalát olvasztott vajjal. Most készen áll a maqluba rétegezésére.

g) Kezdje azzal, hogy a paradicsomszeleteket egy rétegben elrendezi, átfedve, majd a padlizsánszeleteket. Ezután elrendezzük a karfiol darabokat és a csirkecombokat. A rizst jól lecsepegtetjük, és az utolsó rétegre kenjük, majd rászórjuk a fokhagymadarabokat. Mérjünk ki egy 3 csésze / 700 ml fenntartott csirke alapléből, és keverjük össze az összes fűszert, valamint 1 teáskanál sót. Ezt öntsük a rizsre, majd óvatosan nyomkodjuk le a kezünkkel, ügyelve arra, hogy az összes rizst ellepje az alaplével. Adjunk hozzá egy kevés alaplevet vagy vizet, ha szükséges.

h) Tegye a serpenyőt közepes lángra, és forralja fel; az alaplének nem kell erősen forrni, de meg kell győződni arról, hogy megfelelően felforr, mielőtt az edényt fedővel lefedjük, a hőt alacsonyra csökkentjük, és alacsony lángon 30 percig főzzük. Ne essen kísértésbe, hogy felfedje a serpenyőt; hagynia kell, hogy a rizs megfelelően megpároljon. Vegyük le a serpenyőt a tűzről, vegyük le a fedőt, és gyorsan helyezzünk a serpenyőre egy tiszta konyharuhát, majd ismét zárjuk le a fedővel. 10 percig pihentetjük.

i) Ha kész, vegyük le a fedőt, fordítsunk egy nagy kerek tálat vagy tányért a nyitott serpenyő fölé, majd óvatosan, de gyorsan fordítsuk össze a serpenyőt és a tányért, mindkét oldalát erősen tartva. Hagyja a serpenyőt a tányéron 2-3 percig, majd lassan és óvatosan emelje le. Díszítsük fenyőmaggal, és tálaljuk az uborkás joghurttal.

56. Kuszkusz paradicsommal és hagymával

Gyártmány: 4
ÖSSZETEVŐK
- 3 evőkanál olívaolaj
- 1 közepes hagyma, apróra vágva (1 csésze / 160 g összesen)
- 1 evőkanál paradicsompüré
- ½ teáskanál cukor
- 2 nagyon érett paradicsom 0,5 cm-es kockákra vágva (összesen 1¾ csésze / 320 g)
- 1 csésze / 150 g kuszkusz
- 1 csésze / 220 ml forrásban lévő csirke- vagy zöldségalaplé
- 2½ evőkanál / 40 g sótlan vaj
- sót és frissen őrölt fekete borsot

UTASÍTÁS

a) Öntsön 2 evőkanál olívaolajat egy körülbelül 22 cm átmérőjű, tapadásmentes serpenyőbe, és helyezze közepes lángra. Hozzáadjuk a hagymát, és gyakran kevergetve 5 percig főzzük, amíg megpuhul, de nem színeződik. Hozzákeverjük a paradicsompürét és a cukrot, és 1 percig főzzük. Adjuk hozzá a paradicsomot, ½ teáskanál sót és egy kis fekete borsot, és főzzük 3 percig.

b) Közben tegyük a kuszkuszt egy sekély tálba, öntsük fel a forrásban lévő alaplével, és fedjük le műanyag fóliával. Tedd félre 10 percre, majd vedd le a fedőt, és villával pihegesd meg a kuszkuszt. Adjuk hozzá a paradicsomszószt és jól keverjük össze.

c) Törölje tisztára a serpenyőt, és közepes lángon melegítse fel a vajat és a maradék 1 evőkanál olívaolajat. Amikor a vaj elolvadt, kanalazzuk a kuszkuszot a serpenyőbe, és a kanál hátuljával finoman ütögessük le, hogy az egész szorosan be legyen csomagolva. Fedjük le a serpenyőt, csökkentsük a hőt a legalacsonyabb fokozatra, és hagyjuk a kuszkuszot 10-12 percig gőzölni, amíg a szélein világosbarna színt nem látunk. Használjon eltolt spatulát vagy kést, hogy segítsen a kuszkusz széle és a serpenyő oldala között nézelődni: igazán ropogós élt szeretne az egész alján és oldalain.

d) Fordíts egy nagy tányért a serpenyő tetejére, és gyorsan fordítsd meg a serpenyőt és a tányért, és engedd a kuszkusz a tányérra. Melegen vagy szobahőmérsékleten tálaljuk.

57. Vízitorma és csicseriborsó leves rózsavízzel

Gyártmány: 4

ÖSSZETEVŐK

- 2 közepes sárgarépa (összesen 9 uncia / 250 g), ¾ hüvelykes / 2 cm-es kockákra vágva
- 3 evőkanál olívaolaj
- 2½ teáskanál ras el hanout
- ½ teáskanál őrölt fahéj
- 1½ csésze / 240 g főtt csicseriborsó, frissen vagy konzervként
- 1 közepes vöröshagyma, vékonyra szeletelve
- 2½ evőkanál / 15 g hámozott és apróra vágott friss gyömbér
- 2½ csésze / 600 ml zöldségalaplé
- 200 g vízitorma
- 3½ oz / 100 g spenótlevél
- 2 tk szuperfinom cukor
- 1 teáskanál rózsavíz
- só
- Görög joghurt, tálaláshoz (elhagyható)
- Melegítsük elő a sütőt 425°F / 220°C-ra.

UTASÍTÁS

a) Keverjük össze a sárgarépát 1 evőkanál olívaolajjal, a ras el hanouttal, a fahéjjal és egy bőséges csipet sóval, majd egy sütőpapírral bélelt tepsibe terítsük. Tegyük a sütőbe 15 percre, majd adjuk hozzá a csicseriborsó felét, jól keverjük össze, és főzzük további 10 percig, amíg a sárgarépa megpuhul, de még csíp.

b) Közben a hagymát és a gyömbért egy nagy serpenyőbe tesszük. A maradék olívaolajon körülbelül 10 percig pároljuk közepes lángon, amíg a hagyma teljesen megpuhul és aranyszínű lesz. Adjuk hozzá a maradék csicseriborsót, alaplevet, vízitormát, spenótot, cukrot és ¾ teáskanál sót, jól keverjük össze, és forraljuk fel. Főzzük egy-két percig, amíg a levelek megfonnyadnak.

c) Egy robotgép vagy turmixgép segítségével simára keverjük a levest. Adjuk hozzá a rózsavizet, keverjük össze, kóstoljuk meg, és ízlés szerint adjunk hozzá még sót vagy rózsavizet. Tedd félre, amíg a sárgarépa és a csicseriborsó elkészül, majd melegítsd fel a tálaláshoz.

d) A tálaláshoz osszuk el a levest négy tálba, és öntsük a tetejére a forró sárgarépát és a csicseriborsót, és ha úgy tetszik, adagonként körülbelül 2 teáskanál joghurtot.

58. Forró joghurt és árpaleves

Gyártmány: 4

ÖSSZETEVŐK
- 6¾ csésze / 1,6 liter víz
- 1 csésze / 200 g gyöngy árpa
- 2 közepes hagyma, apróra vágva
- 1½ teáskanál szárított menta
- 4 evőkanál / 60 g sótlan vaj
- 2 nagy tojás, felverve
- 2 csésze / 400 g görög joghurt
- ⅔ uncia / 20 g friss menta, apróra vágva
- ⅓ uncia / 10 g lapos petrezselyem, apróra vágva
- 3 zöldhagyma, vékonyra szeletelve
- sót és frissen őrölt fekete borsot

UTASÍTÁS
a) Forraljuk fel a vizet az árpával egy nagy serpenyőben, adjunk hozzá 1 teáskanál sót, és pároljuk, amíg az árpa meg nem fő, de még mindig al dente, 15-20 percig. Levesszük a tűzről. A főzés után 4¾ csésze / 1,1 liter főzőfolyadékra lesz szüksége a leveshez; töltsön fel vizet, ha a párolgás miatt kevesebb marad.

b) Amíg az árpa fő, a hagymát és a szárított mentát közepes lángon a vajban puhára pároljuk, körülbelül 15 perc alatt. Ezt adjuk a főtt árpához.

c) A tojásokat és a joghurtot egy nagy hőálló keverőtálban habosra keverjük. Lassan, egy-egy merőkanállal keverjük hozzá az árpából és a vízből, amíg a joghurt fel nem melegszik. Ez temperálja a joghurtot és a tojást, és megakadályozza, hogy szétesjenek, amikor a forró folyadékhoz adják. Adjuk hozzá a joghurtot a leveses fazékhoz, és tegyük vissza közepes lángra, folyamatos kevergetés mellett, amíg a leves nagyon enyhén forr. Levesszük a tűzről, hozzáadjuk az apróra vágott fűszernövényeket és a zöldhagymát, és ellenőrizzük a fűszerezést. Forrón tálaljuk.

59. Cannellini bableves és bárányleves

Gyártmány: 4

ÖSSZETEVŐK

- 1 evőkanál napraforgóolaj
- 1 kis hagyma (összesen 150 g), apróra vágva
- ¼ kis zellergyökér, meghámozva és 0,5 cm-es kockákra vágva (összesen 170 g)
- 20 nagy gerezd fokhagyma, meghámozva, de egészben
- 1 tk őrölt kömény
- 1 font / 500 g báránypörkölt hús (vagy marhahús, ha úgy tetszik), ¾ hüvelykes / 2 cm-es kockákra vágva
- 7 csésze / 1,75 liter víz
- ½ csésze / 100 g szárított cannellini vagy pinto bab, egy éjszakán át bő hideg vízben áztatva, majd lecsepegtetve
- 7 kardamom hüvely enyhén összetörve
- ½ teáskanál őrölt kurkuma
- 2 evőkanál paradicsompüré
- 1 tk szuperfinom cukor
- 250 g Yukon Gold vagy más sárga húsú burgonya, meghámozva és 2 cm-es kockákra vágva
- sót és frissen őrölt fekete borsot
- kenyér, tálalni
- frissen facsart citromlé, tálaláshoz
- apróra vágott koriander illZhoug

UTASÍTÁS

a) Egy nagy serpenyőben hevítsük fel az olajat, és főzzük a hagymát és a zellergyökeret közepes lángon 5 percig, vagy amíg a hagyma el nem kezd barnulni. Adjuk hozzá a fokhagymagerezdeket és a köményt, és főzzük további 2 percig. Vedd le a tűzről és tedd félre.

b) Tegye a húst és a vizet egy nagy serpenyőbe vagy holland sütőbe közepesen magas lángon, forralja fel, csökkentse a hőt, és lassú tűzön 10 percig párolja, gyakran meghámozva a felületet, amíg tiszta húslevest nem kap. Adjuk hozzá a hagymát és a zellergyökér keveréket, a lecsepegtetett babot, a kardamomot, a kurkumát, a paradicsompürét és a cukrot. Forraljuk fel, fedjük le, és lassú tűzön pároljuk 1 órán át, vagy amíg a hús megpuhul.

c) Adjuk hozzá a burgonyát a leveshez, és ízesítsük 1 teáskanál sóval és ½ teáskanál fekete borssal. Forraljuk vissza, csökkentsük a lángot, és fedő nélkül pároljuk további 20 percig, vagy amíg a burgonya és a bab megpuhul. A levesnek sűrűnek kell lennie. Ha szükséges, hagyja egy kicsit tovább buborékolni, hogy csökkentse, vagy adjon hozzá egy kevés vizet. Kóstoljuk meg és adjunk hozzá ízlés szerint további fűszereket. Tálaljuk a levest kenyérrel, citromlével és friss, apróra vágott korianderrel vagy zhouggal.

60. Tenger gyümölcsei és édeskömény leves

Gyártmány: 4

ÖSSZETEVŐK

- 2 evőkanál olívaolaj
- 4 gerezd fokhagyma, vékonyra szeletelve
- 2 édesköményhagyma (összesen 10½ uncia / 300 g), levágva és vékony szeletekre vágva
- 1 nagy viaszos burgonya (összesen 200 g), meghámozva és 1,5 cm-es kockákra vágva
- 3 csésze / 700 ml halalaplé (vagy csirke- vagy zöldségalaplé, ha tetszik)
- ½ közepesen tartósított citrom (½ oz / 15 g összesen), bolti vagy lásd a receptet
- 1 piros chili, szeletelve (elhagyható)
- 6 paradicsom (14 uncia / 400 g összesen), meghámozva és negyedekre vágva
- 1 evőkanál édes paprika
- jó csipet sáfrány
- 4 evőkanál finomra vágott lapos petrezselyem
- 4 filé tengeri sügér (összesen kb. 10½ uncia / 300 g), bőrrel, félbe vágva
- 14 kagyló (összesen kb. 8 uncia / 220 g)
- 15 kagyló (összesen kb. 4½ uncia / 140 g)
- 10 tigrisrák (összesen kb. 8 uncia / 220 g), héjában vagy meghámozva és kifejezve
- 3 evőkanál arak, ouzo vagy pernod
- 2 tk apróra vágott tárkony (elhagyható)
- sót és frissen őrölt fekete borsot

UTASÍTÁS

a) Tegye az olívaolajat és a fokhagymát egy széles, alacsony peremű serpenyőbe, és közepes lángon süsse 2 percig anélkül, hogy a fokhagymát elszínezné. Keverjük hozzá az édesköményt és a burgonyát, és főzzük további 3-4 percig. Adjuk hozzá az alaplevet és a tartósított citromot, ízesítsük ¼ teáskanál sóval és némi fekete borssal, forraljuk fel, majd fedjük le, és lassú tűzön főzzük 12-14 percig, amíg a burgonya megpuhul. Adjuk hozzá a chilit (ha használunk), a paradicsomot, a fűszereket és a petrezselyem felét, és főzzük további 4-5 percig.

b) Ekkor adjon hozzá további 1¼ csésze / 300 ml vizet, egyszerűen annyit, amennyi ahhoz szükséges, hogy ellepje a halat a buggyantásra, majd forralja újra lassú tűzön. Adjuk hozzá a tengeri sügért és a kagylókat, fedjük le a serpenyőt, és hagyjuk 3-4 percig hevesen forralni, amíg a kagylók ki nem nyílnak, és a garnélarák rózsaszínűvé nem válik.

c) Egy lyukas kanál segítségével távolítsa el a halat és a kagylókat a levesből. Ha még mindig vizes, hagyjuk még pár percig forralni a levest, hogy lecsökkenjen. Adjuk hozzá az arakot, és kóstoljuk meg a fűszerezést.

d) Végül a kagylókat és a halat visszatesszük a levesbe, hogy felmelegítsük. Egyszerre tálaljuk, a maradék petrezselyemmel és a tárkonnyal díszítve, ha használunk.

61. Pisztácia leves

Gyártmány: 4

ÖSSZETEVŐK

- 2 evőkanál forrásban lévő víz
- ¼ teáskanál sáfrányszál
- 1⅔ csésze / 200 g héjas, sótlan pisztácia
- 2 evőkanál / 30 g sótlan vaj
- 4 medvehagyma, apróra vágva (összesen 3½ oz / 100 g)
- 1 uncia / 25 g gyömbér, meghámozva és apróra vágva
- 1 póréhagyma apróra vágva (1¼ csésze / összesen 150 g)
- 2 tk őrölt kömény
- 3 csésze / 700 ml csirke alaplé
- ⅓ csésze / 80 ml frissen facsart narancslé
- 1 evőkanál frissen facsart citromlé
- sót és frissen őrölt fekete borsot
- tejföl, tálalni

UTASÍTÁS

a) Melegítsük elő a sütőt 350°F / 180°C-ra. Öntsön forrásban lévő vizet a sáfrányszálakra egy kis csészében, és hagyja állni 30 percig.

b) A pisztácia héjának eltávolításához blansírozzuk a diót forrásban lévő vízben 1 percig, csepegtessük le, és amíg még forró, távolítsuk el a héját úgy, hogy ujjaink között megnyomkodjuk. Nem minden héj válik le, mint a mandula esetében – ez rendben van, mivel nincs hatással a levesre –, de ha megszabadulunk egy héjtól, az javítja a színt, és világosabb zöld lesz. A pisztáciát egy tepsire terítjük, és a sütőben 8 percig sütjük. Kivesszük és hagyjuk kihűlni.

c) Melegítsük fel a vajat egy nagy serpenyőben, és adjuk hozzá a medvehagymát, gyömbért, póréhagymát, köményt, ½ teáskanál sót és egy kis fekete borsot. Közepes lángon, gyakran kevergetve 10 percig pároljuk, amíg a medvehagyma teljesen megpuhul. Adjuk hozzá az alaplevet és a sáfrányos folyadék felét. Fedjük le a serpenyőt, csökkentsük a hőt, és hagyjuk a levest 20 percig főni.

d) 1 evőkanálnyi pisztáciát tegyél egy nagy tálba a leves felével együtt. Kézi turmixgéppel turmixoljuk simára, majd tegyük vissza a serpenyőbe. Adjuk hozzá a narancs- és citromlevet, melegítsük fel, és ízesítsük a fűszerezéshez.
e) A tálaláshoz vágja durvára a fenntartott pisztáciát. A forró levest tálakba öntjük, és egy kanál tejföllel megkenjük. Megszórjuk a pisztáciával, és meglocsoljuk a maradék sáfrányos folyadékkal.

62. Égetett padlizsán és Mograbieh leves

Gyártmány: 4

ÖSSZETEVŐK

- 5 kis padlizsán (összesen kb. 2½ font / 1,2 kg)
- napraforgóolaj, sütéshez
- 1 hagyma, szeletelve (kb. 1 csésze / összesen 125 g)
- 1 evőkanál köménymag, frissen őrölt
- 1½ teáskanál paradicsompüré
- 2 nagy paradicsom (12 uncia / 350 g összesen), meghámozva és felkockázva
- 1½ csésze / 350 ml csirke- vagy zöldségalaplé
- 1⅔ csésze / 400 ml víz
- 4 gerezd fokhagyma, zúzott
- 2½ teáskanál cukor
- 2 evőkanál frissen facsart citromlé
- ⅓ csésze / 100 g mograbieh, vagy alternatíva, például maftoul, fregola vagy óriási kuszkusz (lásdrészben a kuszkuszról)
- 2 evőkanál reszelt bazsalikom, vagy 1 evőkanál apróra vágott kapor, opcionális
- sót és frissen őrölt fekete borsot

UTASÍTÁS

a) Kezdje azzal, hogy három padlizsánt eléget. Ehhez kövesse a következő utasításokatÉgetett padlizsán fokhagymával, citrommal és gránátalma magokkal.

b) Vágja a maradék padlizsánt 1,5 cm-es kockákra. Melegítsen fel körülbelül ⅔ csésze / 150 ml olajat egy nagy serpenyőben közepesen magas lángon. Amikor felforrt, hozzáadjuk a padlizsánkockákat. 10-15 percig sütjük, gyakran kevergetve, amíg mindenhol elszíneződik; ha szükséges, adjunk hozzá még egy kis olajat, hogy mindig legyen egy kis olaj a serpenyőben. A padlizsánt kivesszük, szűrőedénybe tesszük, hogy lecsepegjen, és megszórjuk sóval.

c) Győződjön meg róla, hogy körülbelül 1 evőkanál olaj maradt a serpenyőben, majd adjuk hozzá a hagymát és a köményt, és pároljuk körülbelül 7 percig, gyakran kevergetve. Adjuk hozzá a paradicsompürét, és főzzük még egy percig, mielőtt hozzáadnánk a paradicsomot, az alaplevet, a vizet, a fokhagymát, a cukrot, a citromlevet, a 1½ teáskanál sót és egy kis fekete borsot. 15 percig óvatosan pároljuk.

d) Közben forraljunk fel egy kis fazék sós vizet, és adjuk hozzá a mograbieh-t vagy az alternatívát. Főzzük al dente-ig; ez márkától függően változhat, de 15-18 percet vesz igénybe (ellenőrizze a csomagot). Leszűrjük és hideg víz alatt felfrissítjük.

e) A megégett padlizsánhúst a levesbe öntjük, és kézi turmixgéppel sima folyadékra turmixoljuk. Adjuk hozzá a mograbieh-t és a sült padlizsánt, hagyjuk a végén díszíteni, és pároljuk további 2 percig. Kóstoljuk meg és állítsuk be a fűszerezést. Forrón tálaljuk, a tetején a fenntartott mograbieh-vel és sült padlizsánnal, ízlés szerint bazsalikommal vagy kaporral díszítve.

63. Paradicsom-kovászleves

Gyártmány: 4

ÖSSZETEVŐK

- 2 evőkanál olívaolaj, plusz plusz a befejezéshez
- 1 nagy hagyma apróra vágva (1⅔ csésze / összesen 250 g)
- 1 tk köménymag
- 2 gerezd fokhagyma, összetörve
- 3 csésze / 750 ml zöldségalaplé
- 4 nagy érett paradicsom apróra vágva (4 csésze / összesen 650 g)
- egy 14 uncia / 400 g-os doboz apróra vágott olasz paradicsom
- 1 evőkanál szuperfinom cukor
- 1 szelet kovászos kenyér (1½ uncia / 40 g összesen)
- 2 evőkanál apróra vágott koriander, plusz még a befejezéshez
- sót és frissen őrölt fekete borsot

UTASÍTÁS

a) Egy közepes serpenyőben felforrósítjuk az olajat, és hozzáadjuk a hagymát. Pároljuk körülbelül 5 percig, gyakran kevergetve, amíg a hagyma áttetsző lesz. Adjuk hozzá a köményt és a fokhagymát, és pirítsuk 2 percig. Öntsük fel az alaplével, mindkét fajta paradicsomot, cukrot, 1 teáskanál sót és egy jó őrölt fekete borsot.

b) Forraljuk fel a levest enyhén lassú tűzön, és főzzük 20 percig, majd a főzés felénél hozzáadjuk a darabokra tépett kenyeret. Végül adjuk hozzá a koriandert, majd turmixgéppel pár mozdulattal turmixoljuk össze, hogy a paradicsom összetörjön, de még mindig kicsit durva és darabos legyen. A levesnek elég sűrűnek kell lennie; adjunk hozzá egy kevés vizet, ha túl sűrű lenne ezen a ponton. Olajjal meglocsolva és friss korianderrel megszórva tálaljuk.

64. Tiszta csirkeleves knaidlach-al

Gyártmány: 4
ÖSSZETEVŐK
- 1 szabadtartású csirke, körülbelül 4½ font / 2 kg, negyedekre osztva, az összes csonttal, plusz a belsőségekkel, ha lehet, és a hentestől beszerezhető plusz szárnyakkal vagy csontokkal
- 1½ teáskanál napraforgóolaj
- 1 csésze / 250 ml száraz fehérbor
- 2 sárgarépa, meghámozva és ¾ hüvelykes / 2 cm-es szeletekre vágva (összesen 2 csésze / 250 g)
- 4 zellerszár (összesen kb. 10½ uncia / 300 g), 6 cm-es szeletekre vágva
- 2 közepes hagyma (összesen kb. 12 uncia / 350 g), 8 szeletre vágva
- 1 nagy fehérrépa (7 uncia / 200 g), meghámozva, levágva és 8 részre vágva
- 2 uncia / 50 g csokor lapos petrezselyem
- 2 uncia / 50 g csokor koriander
- 5 szál kakukkfű
- 1 kis rozmaring ág
- ¾ oz / 20 g kapor, plusz a díszítéshez
- 3 babérlevél
- 3½ oz / 100 g friss gyömbér, vékonyra szeletelve
- 20 szem fekete bors
- 5 szegfűbors bogyó
- só

KNAIDLACH (gyártmány: 12-15)
- 2 extra nagy tojás
- 2½ evőkanál / 40 g margarin vagy csirkezsír, felolvasztva és kicsit hűlni hagyva
- 2 evőkanál finomra vágott lapos petrezselyem
- ⅔ csésze / 75 g macesalét
- 4 evőkanál szódavíz
- sót és frissen őrölt fekete borsot

UTASÍTÁS

a) A knaidlach elkészítéséhez a tojásokat egy közepes tálban habosra verjük. Hozzákeverjük az olvasztott margarint, majd ½ teáskanál sót, kevés fekete borsot és a petrezselymet. Fokozatosan hozzákeverjük a maceszlisztet, majd a szódavizet, és homogén masszává keverjük. Fedjük le a tálat, és hűtsük le a tésztát, amíg hideg és szilárd nem lesz, legalább egy-két órával és legfeljebb 1 nappal előre.
b) Egy tepsit kibélelünk műanyag fóliával. Vizes kézzel és egy kanállal kis dió méretű golyókat formázunk a masszából, és a tepsire tesszük.
c) Dobja a maceszgolyókat egy nagy fazék enyhén forrásban lévő sós vízbe. Részben fedjük le fedővel, és csökkentsük a hőt alacsonyra. Óvatosan pároljuk puhára, körülbelül 30 percig.
d) Egy lyukas kanál segítségével tegyük át a knaidlach-ot egy tiszta tepsire, ahol kihűlnek, majd hűtsük akár egy napig. Vagy egyenesen belemehetnek a forró levesbe.
e) A leveshez vágja le a felesleges zsírt a csirkéről, és dobja ki. Öntse az olajat egy nagyon nagy serpenyőbe vagy holland sütőbe, és süsse meg a csirkedarabokat nagy lángon minden oldalról 3-4 percig. Vegye ki a serpenyőből, öntse ki az olajat, és törölje le a serpenyőt. Adjuk hozzá a bort, és hagyjuk egy percig forrni. Tegyük vissza a csirkét, öntsük fel vízzel, és forraljuk fel nagyon enyhén. Körülbelül 10 percig pároljuk, lefölözzük a habot. Hozzáadjuk a sárgarépát, a zellert, a hagymát és a fehérrépát. Az összes fűszernövényt zsinórral kötegbe kötjük, és hozzáadjuk az edényhez. Adjuk hozzá a babérlevelet, a gyömbért, a szemes borsot, a szegfűborsot és a 1½ teáskanál sót, majd öntsük fel annyi vízzel, hogy mindent jól ellepjen.
f) Forraljuk vissza a levest nagyon enyhén lassú tűzön, és főzzük másfél órán keresztül, időnként lefölözve, és szükség szerint adva hozzá vizet, hogy minden jól ellepje. Emeljük ki a csirkét a levesből, és távolítsuk el a húst a csontokról. Tartsa a húst egy tálban, kevés húslevessel, hogy nedves maradjon, és hűtsük le; tartalék más célra. Tegyük vissza a csontokat az edénybe, és pároljuk még egy órán át, adjunk hozzá annyi vizet, hogy a csontokat és a zöldségeket ellepje. Szűrje le a forró levest, és dobja ki a fűszernövényeket, a zöldségeket és a csontokat. A főtt knaidlachot a levesben melegítjük. Ha már felforrósodott, tálaljuk a levest és a knaidlach-ot sekély tálkákban, kaporral megszórva.

65. Fűszeres freekeh leves húsgombóccal

Gyártmány: 6
HÚSGOLYÓK

ÖSSZETEVŐK
- 14 oz / 400 g darált marhahús, bárányhús vagy a kettő kombinációja
- 1 kis hagyma (összesen 150 g), apróra vágva
- 2 evőkanál finomra vágott lapos petrezselyem
- ½ teáskanál őrölt szegfűbors
- ¼ tk őrölt fahéj
- 3 evőkanál univerzális liszt
- 2 evőkanál olívaolaj
- sót és frissen őrölt fekete borsot
- LEVES
- 2 evőkanál olívaolaj
- 1 nagy hagyma (összesen 250 g), apróra vágva
- 3 gerezd fokhagyma, összetörve
- 2 sárgarépa (összesen 9 uncia / 250 g), meghámozva és 1 cm-es kockákra vágva
- 2 zellerszár (összesen 150 g), 1 cm-es kockákra vágva
- 3 nagy paradicsom (12 uncia / 350 g összesen), apróra vágva
- 2½ evőkanál / 40 g paradicsompüré
- 1 evőkanál baharat fűszerkeverék (bolti vagylásd a receptet)
- 1 evőkanál őrölt koriander
- 1 fahéjrúd
- 1 evőkanál szuperfinom cukor
- 1 csésze / 150 g repesztett freekeh
- 2 csésze / 500 ml marhahúsleves
- 2 csésze / 500 ml csirke alaplé
- 3¼ csésze / 800 ml forró víz
- ⅓ uncia / 10 g koriander, apróra vágva
- 1 citrom 6 szeletre vágva

UTASÍTÁS

a) Kezdje a húsgombócokkal. Egy nagy tálban keverjük össze a húst, hagymát, petrezselymet, szegfűborsot, fahéjat, ½ teáskanál sót és ¼ teáskanál borsot. Kezével jól összekeverjük, majd a keverékből ping-pong méretű golyókat formázunk, és megforgatjuk a lisztben; kb. 15-öt kapsz. Melegítsd fel az olívaolajat egy nagy holland sütőben, és süsd közepes lángon néhány percig a húsgombócokat minden oldalukon aranybarnára. A húsgombócokat kivesszük és félretesszük.
b) Törölje ki a serpenyőt papírtörlővel, és adjon hozzá olívaolajat a leveshez. Közepes lángon pirítsuk meg a hagymát és a fokhagymát 5 percig. Keverjük hozzá a sárgarépát és a zellert, és főzzük 2 percig. Adjuk hozzá a paradicsomot, a paradicsompürét, a fűszereket, a cukrot, 2 teáskanál sót és ½ teáskanál borsot, és főzzük még 1 percig. Keverjük hozzá a freekeh-t, és főzzük 2-3 percig. Adjuk hozzá az alaplevet, a forró vizet és a húsgombócokat. Forraljuk fel, csökkentsük a hőt, és lassú tűzön főzzük további 35-45 percig, időnként megkeverve, amíg a freekeh gömbölyű és puha nem lesz. A levesnek elég sűrűnek kell lennie. Csökkentse vagy adjon hozzá egy kevés vizet, ha szükséges. Végül kóstoljuk meg és igazítsuk hozzá a fűszerezést.
c) A forró levest öntsük tálalótálakba, és szórjuk meg a korianderrel. Az oldalára tálaljuk a citromkarikákat.

66. Báránytöltött birsalma gránátalmával és korianderrel

Gyártmány: 4

ÖSSZETEVŐK

- 14 uncia / 400 g darált bárányhús
- 1 gerezd fokhagyma, összetörve
- 1 piros chili, apróra vágva
- ⅔ oz / 20 g koriander apróra vágva, plusz 2 evőkanál, díszítéshez
- ½ csésze / 50 g zsemlemorzsa
- 1 tk őrölt szegfűbors
- 2 evőkanál finomra reszelt friss gyömbér
- 2 közepes hagyma, apróra vágva (1⅓ csésze / összesen 220 g)
- 1 nagy szabadtartású tojás
- 4 birs (összesen 2¾ font / 1,3 kg)
- ½ citrom leve, plusz 1 evőkanál frissen facsart citromlé
- 3 evőkanál olívaolaj
- 8 kardamom hüvely
- 2 tk gránátalma melasz
- 2 tk cukor
- 2 csésze / 500 ml csirke alaplé
- ½ gránátalma magjai
- sót és frissen őrölt fekete borsot

UTASÍTÁS

a) Tegye a bárányt egy keverőtálba a fokhagymával, chilivel, korianderrel, zsemlemorzsával, szegfűborssal, a gyömbér felével, a hagyma felével, tojással, ¾ teáskanál sóval és némi borssal együtt. Keverjük jól össze a kezünkkel, és tegyük félre.

b) A birsalmát meghámozzuk és hosszában félbevágjuk. Tedd őket egy tál hideg vízbe a ½ citrom levével, hogy ne barnuljanak meg. Dinnyegombóccal vagy kiskanállal távolítsa el a magokat, majd vájja ki a birsalma felét úgy, hogy 1,5 cm-es héj maradjon. Tartsa meg a kikanalazott húst. Töltsük meg az üregeket a báránykeverékkel, kézzel nyomjuk le.

c) Egy nagy serpenyőben hevítsük fel az olívaolajat, amelyhez fedő van. Tegye a fenntartott birsalmahúst egy robotgépbe, gyorsan aprítsa fel, majd tegye át a keveréket a serpenyőbe a maradék hagymával, gyömbérrel és a kardamom hüvelyekkel együtt. 10-12 percig pirítjuk, amíg a hagyma megpuhul. Adjuk hozzá a melaszt, az 1 evőkanál citromlevet, a cukrot, az alaplevet, a ½ teáskanál sót és egy kis fekete borsot, és jól keverjük össze. Adjuk hozzá a birsalma felét a mártáshoz úgy, hogy a hústöltelék felfelé nézzen, enyhén pároljuk le a lángot, fedjük le a serpenyőt, és főzzük körülbelül 30 percig. A végén a birsalma teljesen puha legyen, a hús jól megfőtt, a szósz pedig sűrű legyen. Emelje fel a fedőt, és párolja egy-két percig, hogy csökkentse a szószt, ha szükséges.

d) Melegen vagy szobahőmérsékleten, korianderrel és gránátalma magokkal megszórva tálaljuk.

67. Fehérrépa és borjú "torta"

Gyártmány: 4

ÖSSZETEVŐK

- 1⅔ csésze / 300 g basmati rizs
- 14 uncia / 400 g darált borjú-, bárány- vagy marhahús
- ½ csésze / 30 g apróra vágott lapos petrezselyem
- 1½ teáskanál baharat fűszerkeverék (bolti vagylásd a receptet)
- ½ teáskanál őrölt fahéj
- ½ teáskanál chili pehely
- 2 evőkanál olívaolaj
- 10-15 közepes fehérrépa (összesen 3¼ font / 1,5 kg)
- körülbelül 1⅔ csésze / 400 ml napraforgóolaj
- 2 csésze / 300 g apróra vágott paradicsom, konzerv jó
- 1½ evőkanál tamarind paszta
- ¾ csésze plusz 2 evőkanál / 200 ml csirkealaplé, forró
- 1 csésze / 250 ml víz
- 1½ evőkanál szuperfinom cukor
- 2 kakukkfű gally, levele leszedve
- sót és frissen őrölt fekete borsot

UTASÍTÁS

a) A rizst megmossuk és jól lecsepegtetjük. Tedd egy nagy keverőtálba, és add hozzá a húst, a petrezselymet, a baharátot, a fahéjat, 2 teáskanál sót, ½ teáskanál borsot, a chilit és az olívaolajat. Jól összekeverjük és félretesszük.

b) Hámozza meg a karalábét, és vágja 1 cm vastag szeletekre. Melegíts fel annyi napraforgóolajat közepesen magas lángon, hogy egy nagy serpenyőben 2 cm-rel feljebb kerüljön. A karalábészeleteket adagonként 3-4 percig sütjük aranysárgára. Papírtörlővel bélelt tányérra tesszük, megszórjuk egy kevés sóval, és hagyjuk kihűlni.

c) Tegye a paradicsomot, tamarindot, alaplevet, vizet, cukrot, 1 teáskanál sót és ½ teáskanál borsot egy nagy keverőtálba. Jól felverjük. Öntse a folyadék körülbelül egyharmadát egy közepes, vastag fenekű (9½ hüvelyk / 24 cm átmérőjű) serpenyőbe. A fehérrépaszeletek egyharmadát elrendezzük benne. Hozzáadjuk a rizskeverék felét, és szintezzük. Rendezzünk rá még egy réteg fehérrépát, majd a rizs második felét. Fejezze be az utolsó fehérrépával, kézzel finoman nyomja le. A maradék paradicsomfolyadékot a fehérrépa- és rizsrétegre öntjük, és megszórjuk a kakukkfűvel. Finoman csúsztasson le egy spatulát az edény oldalain, hogy a lé lefolyjon az edény aljára.

d) Közepes lángra tesszük és felforraljuk. Csökkentse a hőt az abszolút minimumra, fedje le, és párolja 1 órán át. Vedd le a tűzről, fedd le, és tálalás előtt hagyd 10-15 percig pihenni. A tortát sajnos nem lehet tányérra fordítani, mert nem tartja meg a formáját, ezért ki kell kanalazni.

68. Hannuka Töltött hagyma

Készítmény: Körülbelül 16 TÖLTETT HAGYMA

ÖSSZETEVŐK

- 4 nagy hagyma (összesen 2 font / 900 g, hámozott tömeg) körülbelül 1⅔ csésze / 400 ml zöldségalaplé
- 1½ evőkanál gránátalma melasz
- sót és frissen őrölt fekete borsot
- TÖLTELÉK
- 1½ evőkanál olívaolaj
- 1 csésze / 150 g finomra vágott medvehagyma
- ½ csésze / 100 g rövid szemű rizs
- ¼ csésze / 35 g fenyőmag, törve
- 2 evőkanál apróra vágott friss menta
- 2 evőkanál apróra vágott lapos petrezselyem
- 2 tk szárított menta
- 1 tk őrölt kömény
- ⅛ tk őrölt szegfűszeg
- ¼ tk őrölt szegfűbors
- ¾ teáskanál só
- ½ teáskanál frissen őrölt fekete bors
- 4 szelet citrom (elhagyható)

UTASÍTÁS

a) Hámozzuk meg és vágjuk le körülbelül 0,5 cm-t a hagyma tetejéről és farkáról, helyezzük az apróra vágott hagymát egy nagy serpenyőbe bő vízzel, forraljuk fel, és főzzük 15 percig. Leszűrjük és félretesszük hűlni.

b) A töltelék elkészítéséhez egy közepes serpenyőben, közepes lángon hevítsük fel az olívaolajat, és adjuk hozzá a medvehagymát. 8 percig pároljuk, gyakran kevergetve, majd hozzáadjuk a többi hozzávalót, kivéve a citromkarikákat. Vegyük alacsonyra a hőt, és főzzük tovább és keverjük 10 percig.

c) Egy kis késsel vágjunk hosszú vágást a hagyma tetejétől az aljáig, egészen a közepéig úgy, hogy minden hagymarétegen csak egy rés fusson át. Kezdje el óvatosan szétválasztani a hagymarétegeket egymás után, amíg el nem éri a magot. Ne aggódjon, ha néhány réteg egy kicsit átszakad a hámláson; továbbra is használhatod őket.

d) Tartson egy réteg hagymát az egyik felfogott kezében, és kanalazzon körülbelül 1 evőkanál rizskeveréket a hagyma felébe, a tölteléket a nyílás egyik végéhez helyezze. Ne essen a kísértés, hogy többet töltsön fel, mert szépen és kényelmesen be kell csomagolni. Hajtsa rá a hagyma üres oldalát a töltött oldalára, és szorosan tekerje fel, hogy a rizst néhány réteg hagyma fedje be, a közepén levegő nélkül. Helyezzük egy közepes serpenyőbe, amelyhez fedő van, varrás oldalával lefelé, és folytassa a maradék hagymás és rizs keverékkel. A hagymát egymás mellé fektetjük a serpenyőbe, hogy ne legyen helye mozogni. Töltsön ki minden helyet a hagyma meg nem töltött részeivel. Adjunk hozzá annyi alaplét, hogy a hagyma háromnegyedét ellepje, a gránátalma melasszal együtt, és ízesítsük ¼ teáskanál sóval.

e) Fedjük le az edényt, és főzzük a lehető legalacsonyabb lángon 1,5-2 órán keresztül, amíg a folyadék el nem párolog. Tálaljuk melegen vagy szobahőmérsékleten, ízlés szerint citromkarikákkal.

69. Hannukah Nyissa meg a Kibbeh-t

Gyártmány: 6

ÖSSZETEVŐK

- 1 csésze / 125 g finom bulgur búza
- 1 csésze / 200 ml víz
- 6 evőkanál / 90 ml olívaolaj
- 2 gerezd fokhagyma, összetörve
- 2 közepes hagyma, apróra vágva
- 1 zöld chili, apróra vágva
- 12 uncia / 350 g darált bárányhús
- 1 tk őrölt szegfűbors
- 1 tk őrölt fahéj
- 1 tk őrölt koriander
- 2 evőkanál durvára vágott koriander
- ½ csésze / 60 g fenyőmag
- 3 evőkanál durvára vágott lapos petrezselyem
- 2 evőkanál magától kelő liszt, plusz egy kis extra, ha szükséges
- 3½ evőkanál / 50 g világos tahini paszta
- 2 tk frissen facsart citromlé
- 1 tk szömörce
- sót és frissen őrölt fekete borsot

UTASÍTÁS

a) Melegítse elő a sütőt 400°F / 200°C-ra. Béleljen ki egy 20 cm-es rugós formát viaszpapírral.
b) Tegyük a bulgurt egy nagy tálba, és öntsük fel vízzel. 30 percig állni hagyjuk.
c) Közben 4 evőkanál olívaolajat melegíts fel egy nagy serpenyőben, közepesen magas lángon. A fokhagymát, a hagymát és a chilit addig pároljuk, amíg teljesen megpuhulnak. Vegyél ki mindent a serpenyőből, tedd vissza a magas hőre, és add hozzá a bárányhúst. Folyamatos kevergetés mellett 5 percig süssük barnára.
d) Tegye vissza a hagymás keveréket a serpenyőbe, és adjon hozzá fűszereket, koriandert, ½ teáskanál sót, bőséges őrölt fekete

borsot, valamint a fenyőmag és a petrezselyem nagy részét, hagyjon félre. Főzzük pár percig, vegyük le a tűzről, kóstoljuk meg, és fűszerezzük.

e) Ellenőrizze a bulgurt, hogy az összes vizet felszívta-e. Csepegtesse le, hogy eltávolítsa a maradék folyadékot. Adjuk hozzá a lisztet, 1 evőkanál olívaolajat, ¼ teáskanál sót és egy csipet fekete borsot, és kézzel dolgozzuk össze mindent egy rugalmas keverékké, amely éppen összetart; adjunk hozzá még egy kis lisztet, ha a keverék nagyon ragadós. Erősen nyomja rá a rugós formájú tepsi aljára, hogy az összetömörödjön és vízszintes legyen. A báránykeveréket egyenletesen eloszlatjuk a tetején, és kicsit lenyomkodjuk. Körülbelül 20 percig sütjük, amíg a hús egészen sötétbarna és nagyon forró lesz.

f) Amíg vársz, keverd össze a tahini pasztát a citromlével, 3½ evőkanál / 50 ml vízzel és egy csipet sóval. Ön egy nagyon sűrű, mégis önthető szószra vágyik. Ha szükséges, adjunk hozzá egy kevés vizet.

g) A kibbeh tortát kivesszük a sütőből, a tetejére egyenletesen elkenjük a tahini szószt, megszórjuk a fenyőmaggal és az apróra vágott petrezselyemmel, és azonnal visszatesszük a sütőbe. 10-12 percig sütjük, amíg a tahini éppen meg nem köt, és egy kicsit színt nem vesz, a fenyőmag pedig aranybarna nem lesz.

h) Vegye ki a sütőből, és hagyja kihűlni, amíg meleg vagy szobahőmérsékletű. Tálalás előtt szórjuk meg a tetejét szömörcével, és csepegtessük meg a maradék olajjal. Óvatosan távolítsa el a serpenyő oldalát, és vágja szeletekre a kibbeh-t. Finoman emelje meg őket, hogy ne törjenek el.

70. Kubbeh hamusta

Gyártmány: 6

ÖSSZETEVŐK
KUBBEH TÖLTETÉS
- 1½ evőkanál napraforgóolaj
- ½ közepes hagyma, nagyon apróra vágva (½ csésze / összesen 75 g)
- 12 uncia / 350 g darált marhahús
- ½ teáskanál őrölt szegfűbors
- 1 nagy gerezd fokhagyma, összetörve
- 2 halvány zellerszár, nagyon apróra vágva, vagy azonos mennyiségű apróra vágott zellerlevél (½ csésze / összesen 60 g)
- sót és frissen őrölt fekete borsot
- KUBBEH-ÜGYEK
- 2 csésze / 325 g búzadara
- 5 evőkanál / 40 g univerzális liszt
- 1 csésze / 220 ml forró víz
- LEVES
- 4 gerezd fokhagyma, zúzott
- 5 zellerszár, leszedett levelek és szárak ferdén ⅔ hüvelykes / 1,5 cm-es szeletekre vágva (összesen 2 csésze / 230 g)
- 10½ uncia / 300 g mángoldlevél, csak zöld rész, 2 cm-es csíkokra vágva
- 2 evőkanál napraforgóolaj
- 1 nagy hagyma, durvára vágva (1¼ csésze / 200 g összesen)
- 2 liter / 2 liter csirke alaplé
- 1 nagy cukkini ⅜ hüvelykes / 1 cm-es kockákra vágva (összesen 1⅔ csésze / 200 g)
- 6½ evőkanál / 100 ml frissen facsart citromlé, plusz ha szükséges
- citromszeletek, tálalni

UTASÍTÁS

a) Először elkészítjük a hústölteléket. Egy közepes serpenyőben felforrósítjuk az olajat, hozzáadjuk a hagymát. Közepes lángon főzzük áttetszővé, körülbelül 5 percig. Adjuk hozzá a marhahúst, a szegfűborsot, ¾ teáskanál sót és egy jó őrölt fekete borsot, és főzzük 3 percig, hogy barnuljanak. Csökkentse a hőt közepesen alacsonyra, és időnként megkeverve hagyja a húst lassan főni körülbelül 20 percig, amíg teljesen meg nem szárad. A végén hozzáadjuk a fokhagymát és a zellert, további 3 percig főzzük, majd levesszük a tűzről. Kóstoljuk meg és állítsuk be a fűszerezést. Hagyja kihűlni.

b) Amíg a marhahúskeverék fő, készítsük elő a kubbeh tokokat. Keverje össze a búzadarát, a lisztet és a ¼ teáskanál sót egy nagy keverőtálban. Fokozatosan adjuk hozzá a vizet, fakanállal, majd kézzel keverjük, amíg ragacsos tésztát nem kapunk. Takarjuk le egy nedves ruhával, és tegyük félre 15 percig pihenni.

c) Gyúrjuk a tésztát néhány percig munkafelületen. Rugalmasnak és repedésmentesen kenhetőnek kell lennie. Adjunk hozzá egy kis vizet vagy lisztet, ha szükséges. A gombócok elkészítéséhez vegyünk egy tál vizet, és nedvesítsük meg a kezünket (a folyamat során ügyeljünk arra, hogy a kezeink nedvesek legyenek, nehogy letapadjon). Vegyünk egy körülbelül 1 uncia / 30 g tömegű tésztát, és simítsuk el a tenyerében; 4 hüvelyk / 10 cm átmérőjű korongokat céloz meg. Helyezzen körülbelül 2 teáskanál tölteléket a közepére. Hajtsa rá a széleit a töltelékre, hogy ellepje, majd zárja le. Görgesd meg a kubbeh-t a kezeid között, hogy golyót formázzon, majd nyomja le kerek, lapos formára, körülbelül 1¼ hüvelyk / 3 cm vastagságúra. A gombócokat műanyag fóliával letakart, kevés vízzel meglocsolt tálcára tesszük, és félretesszük.

d) A leveshez a fokhagymát, a zeller felét és a chardin felét konyhai robotgépbe tesszük, és durva masszává sütjük. Melegítsük fel az olajat egy nagy serpenyőben közepes lángon, és pároljuk a hagymát körülbelül 10 percig, amíg halvány aranybarna nem lesz. Adjuk hozzá a zellert és a mángoldpürét, és főzzük még 3 percig. Adjuk hozzá az alaplevet, a cukkinit, a maradék zellert és a mángoldot, a citromlevet, 1 teáskanál sót és ½ teáskanál fekete borsot. Forraljuk fel és főzzük 10 percig, majd kóstoljuk meg és állítsuk be a fűszerezést. Élesnek kell lennie, ezért ha kell, adjunk hozzá még egy evőkanál citromlevet.

e) Végül óvatosan adjuk hozzá a kubbeh-t a leveshez – egyszerre néhányat, hogy ne tapadjanak egymáshoz –, és 20 percig puhára pároljuk. Hagyjuk félre egy jó fél órát, hogy megpuhuljanak, majd melegítsük fel és tálaljuk. Kísérje meg egy szelet citrommal az extra citromos hatás érdekében.

71. Töltött Romano paprika

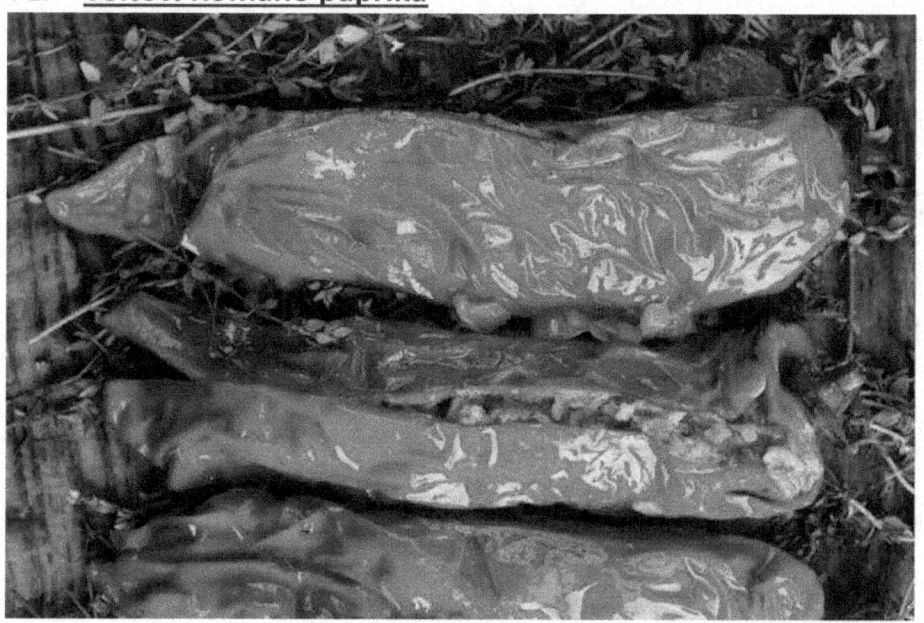

Gyártmány: 4 nagyvonalúan

ÖSSZETEVŐK

- 8 közepes Romano vagy más édes paprika
- 1 nagy paradicsom durvára vágva (1 csésze / 170 g összesen)
- 2 közepes hagyma, durvára vágva (1⅔ csésze / összesen 250 g)
- kb 2 csésze / 500 ml zöldségalaplé
- TÖLTELÉK
- ¾ csésze / 140 g basmati rizs
- 1½ evőkanál baharat fűszerkeverék (bolti vagylásd a receptet)
- ½ teáskanál őrölt kardamom
- 2 evőkanál olívaolaj
- 1 nagy hagyma, apróra vágva (1⅓ csésze / 200 g összesen)
- 14 uncia / 400 g darált bárányhús
- 2½ evőkanál apróra vágott lapos petrezselyem
- 2 evőkanál apróra vágott kapor
- 1½ evőkanál szárított menta
- 1½ teáskanál cukor
- sót és frissen őrölt fekete borsot

UTASÍTÁS

a) Kezdje a töltelékkel. Tegye a rizst egy serpenyőbe, és öntse fel enyhén sós vízzel. Forraljuk fel, majd főzzük 4 percig. Leszűrjük, hideg víz alatt felfrissítjük, majd félretesszük.

b) A fűszereket egy serpenyőben szárazon pirítjuk. Adjuk hozzá az olívaolajat és a hagymát, és pirítsuk körülbelül 7 percig, gyakran kevergetve, amíg a hagyma megpuhul. Ezt a rizzsel, hússal, fűszernövényekkel, cukorral és 1 teáskanál sóval együtt egy nagy keverőtálba öntjük. Kezével jól keverje össze az egészet.

c) A szár végétől kezdve egy kis késsel vágja le hosszában a paprika háromnegyedét anélkül, hogy eltávolítaná a szárat, és hosszú nyílást hozzon létre. Anélkül, hogy a paprikát túlságosan felnyitná, távolítsa el a magokat, majd töltse meg mindegyik paprikát azonos mennyiségű keverékkel.

d) Helyezze az apróra vágott paradicsomot és a hagymát egy nagyon nagy serpenyőbe, amelyhez szorosan zárható fedő van. Rendezzük rá a paprikákat, szorosan egymás mellé, és öntsük fel annyi alaplével, hogy a paprika oldalain hüvelyk/1 cm-rel feljebb kerüljön. ½ teáskanál sóval és kevés fekete borssal ízesítjük. Fedjük le a serpenyőt fedővel, és pároljuk a lehető legalacsonyabb lángon egy órán át. Fontos, hogy a tölteléket csak pároljuk, így a fedélnek szorosan illeszkednie kell; ügyeljen arra, hogy mindig legyen egy kevés folyadék a serpenyő alján. A paprikát melegen, nem forrón vagy szobahőmérsékleten tálaljuk.

72. Töltött padlizsán bárány- és fenyőmaggal

Gyártmány: 4 nagyvonalúan

ÖSSZETEVŐK

- 4 közepes padlizsán (kb. 2½ font / 1,2 kg), hosszában félbevágva
- 6 evőkanál / 90 ml olívaolaj
- 1½ teáskanál őrölt kömény
- 1½ evőkanál édes paprika
- 1 evőkanál őrölt fahéj
- 2 közepes hagyma (12 uncia / 340 g összesen), apróra vágva
- 1 font / 500 g darált bárányhús
- 7 evőkanál / 50 g fenyőmag
- ⅔ oz / 20 g lapos petrezselyem, apróra vágva
- 2 tk paradicsompüré
- 3 tk szuperfinom cukor
- ⅔ csésze / 150 ml víz
- 1½ evőkanál frissen facsart citromlé
- 1 tk tamarind paszta
- 4 fahéj rúd
- sót és frissen őrölt fekete borsot

UTASÍTÁS

a) Melegítsük elő a sütőt 425°F / 220°C-ra.
b) Helyezze a padlizsánfeleket bőrös felével lefelé egy akkora tepsibe, hogy szorosan elférjen benne. Kenjük meg a húst 4 evőkanál olívaolajjal, és ízesítsük 1 teáskanál sóval és sok fekete borssal. Körülbelül 20 percig sütjük, amíg aranybarna nem lesz. Vegyük ki a sütőből és hagyjuk kissé kihűlni.
c) Amíg a padlizsán sül, elkezdhetjük a töltelék elkészítését úgy, hogy egy nagy serpenyőben felforrósítjuk a maradék 2 evőkanál olívaolajat. Keverjük össze a köményt, a paprikát és az őrölt fahéjat, és tegyük a fűszerkeverék felét a serpenyőbe a hagymával együtt. Főzzük közepesen magas lángon körülbelül 8 percig, gyakran kevergetve, mielőtt hozzáadjuk a bárányhúst, a fenyőmagot, a petrezselymet, a paradicsompürét, 1 teáskanál

cukrot, 1 teáskanál sót és némi fekete borsot. Tovább főzzük, és további 8 percig keverjük, amíg a hús megpuhul.

d) Helyezze a maradék fűszerkeveréket egy tálba, és adjon hozzá vizet, citromlevet, tamarindot, a maradék 2 teáskanál cukrot, a fahéjrudakat és ½ teáskanál sót; jól összekeverni.

e) Csökkentse a sütő hőmérsékletét 375°F / 195°C-ra. Öntse a fűszerkeveréket a padlizsánsütő tepsi aljába. Minden padlizsán tetejére kanalazzuk a báránykeveréket. Fedjük le szorosan a serpenyőt alufóliával, tegyük vissza a sütőbe, és süssük 1½ órán át, mire a padlizsánnak teljesen puhának, a szósznak pedig sűrűnek kell lennie; Főzés közben kétszer vegyük le a fóliát, és kenjük meg a padlizsánt a szósszal, adjunk hozzá egy kevés vizet, ha a szósz kiszáradna. Tálaljuk melegen, nem forrón vagy szobahőmérsékleten.

73. Töltött burgonya

Gyártmány: 4-6

ÖSSZETEVŐK

- 1 font / 500 g darált marhahús
- körülbelül 2 csésze / 200 g fehér zsemlemorzsa
- 1 közepes hagyma, apróra vágva (¾ csésze / összesen 120 g)
- 2 gerezd fokhagyma, összetörve
- ⅔ oz / 20 g lapos petrezselyem, finomra vágva
- 2 evőkanál kakukkfű levél, apróra vágva
- 1½ teáskanál őrölt fahéj
- 2 nagy szabadtartású tojás felverve
- 3¼ font / 1,5 kg közepes Yukon Gold burgonya, körülbelül 3¾ x 2¼ hüvelyk / 9 x 6 cm, meghámozva és hosszában félbevágva
- 2 evőkanál apróra vágott koriander
- sót és frissen őrölt fekete borsot

PARADICSOM SZÓSZ

- 2 evőkanál olívaolaj
- 5 gerezd fokhagyma, összetörve
- 1 közepes hagyma, apróra vágva (¾ csésze / összesen 120 g)
- 1½ zellerszár, apróra vágva (⅔ csésze / összesen 80 g)
- 1 kis sárgarépa, meghámozva és apróra vágva (½ csésze / összesen 70 g)
- 1 piros chili apróra vágva
- 1½ teáskanál őrölt kömény
- 1 tk őrölt szegfűbors
- csipetnyi füstölt paprika
- 1½ teáskanál édes paprika
- 1 teáskanál kömény, mozsártörővel vagy fűszerdarálóval összetörve
- egy 28 uncia / 800 g-os doboz apróra vágott paradicsom
- 1 evőkanál tamarind paszta
- 1½ tk szuperfinom cukor

UTASÍTÁS

a) Kezdje a paradicsomszósszal. Melegítse fel az olívaolajat a legszélesebb serpenyőben; fedő is kell hozzá. Adjuk hozzá a fokhagymát, a hagymát, a zellert, a sárgarépát és a chilit, és lassú tűzön pároljuk 10 percig, amíg a zöldségek megpuhulnak. Adjuk hozzá a fűszereket, jól keverjük össze, és főzzük 2-3 percig. Öntsük bele az apróra vágott paradicsomot, a tamarindot, a cukrot, ½ teáskanál sót és egy kis fekete borsot, és forraljuk fel. Levesszük a tűzről.

b) A töltött burgonyához a marhahúst, a zsemlemorzsát, a hagymát, a fokhagymát, a petrezselymet, a kakukkfüvet, a fahéjat, 1 teáskanál sót, egy kis fekete borsot és a tojást egy keverőtálba tesszük. Kezével jól keverje össze az összes összetevőt.

c) Vágja ki a burgonya felét egy dinnyegombóccal vagy egy teáskanállal, így 1,5 cm vastag héjat hoz létre. Töltsük a húskeveréket minden üregbe, kézzel nyomjuk le, hogy teljesen kitöltse a burgonyát. Óvatosan nyomjuk le az összes burgonyát a paradicsomszószba úgy, hogy szorosan egymás mellett üljenek, a hústöltelékkel felfelé. Adjunk hozzá körülbelül 1¼ csésze / 300 ml vizet, vagy éppen annyit, hogy a pogácsákat majdnem ellepje a szósszal, forraljuk enyhén lassú tűzön, fedjük le az edényt, és hagyjuk lassan főni legalább 1 órán át, vagy még tovább, amíg a szósz el nem áll. vastag, a burgonya pedig nagyon puha. Ha a szósz nem sűrűsödött be eléggé, vegyük le a fedőt, és 5-10 percig csökkentsük. Forrón vagy melegen, korianderrel díszítve tálaljuk.

74. Töltött articsóka borsóval és kaporral

Gyártmány: 4

ÖSSZETEVŐK

- 14 uncia / 400 g póréhagyma, megvágva és 0,5 cm-es szeletekre vágva
- 9 uncia / 250 g darált marhahús
- 1 nagy szabadtartású tojás
- 1 tk őrölt szegfűbors
- 1 tk őrölt fahéj
- 2 tk szárított menta
- 12 közepes földgömb articsóka vagy felengedett fagyasztott articsóka fenék (lásd a bevezetőt)
- 6 evőkanál / 90 ml frissen facsart citromlé, plusz ½ citrom leve, ha friss articsókát használ
- ⅓ csésze / 80 ml olívaolaj
- univerzális liszt az articsóka bevonásához
- körülbelül 2 csésze / 500 ml csirke- vagy zöldségalaplé
- 1⅓ csésze / 200 g fagyasztott borsó
- ⅓ oz / 10 g kapor, durvára vágva
- sót és frissen őrölt fekete borsot

UTASÍTÁS

a) A póréhagymát forrásban lévő vízben 5 percig blansírozzuk. Lecsepegtetjük, felfrissítjük és kicsavarjuk a vizet.

b) A póréhagymát durvára vágjuk, és egy keverőtálba tesszük a hússal, a tojással, a fűszerekkel, a mentával, 1 teáskanál sóval és sok borssal együtt. Jól keverjük össze.

c) Ha friss articsókát használ, készítsen egy tálat vízzel és fél citrom levével. Távolítsa el az articsóka szárát, és húzza le a kemény külső leveleket. Miután elérte a puhább, sápadt leveleket, egy nagy éles késsel vágja át a virágot úgy, hogy az alsó negyed maradjon. Kis, éles késsel vagy zöldséghámozóval távolítsa el az articsóka külső rétegeit, amíg az alap vagy az alja meg nem jelenik. Kaparjuk ki a szőrös „fojtót", és tegyük az alapot a savanyú vízbe. A többit dobjuk ki, majd ismételjük meg a többi articsókával.

d) Tegyen 2 evőkanál olívaolajat egy olyan széles serpenyőbe, hogy az articsókát laposan lehessen tartani, és közepes lángon melegítse. Töltsön meg minden articsóka alját 1-2 evőkanál marhahús keverékkel, nyomkodja bele a tölteléket. Óvatosan forgassa meg az alját egy kis lisztben, enyhén vonja be és rázza le a felesleget. A forró olajban mindkét oldalát 1,5 percig sütjük. Törölje tisztára a serpenyőt, és tegye vissza az articsókát a serpenyőbe, laposan és szorosan egymás mellé helyezve.

e) Keverjük össze az alaplevet, a citromlevet és a maradék olajat, és ízesítsük sóval és borssal. Merítsen merőkanálnyi folyadékot az articsókára, amíg majdnem, de nem teljesen el nem merül; lehet, hogy nincs szüksége az összes folyadékra. Helyezzen egy darab sütőpapírt az articsókára, fedje le a serpenyőt, és lassú tűzön párolja 1 órán át. Amikor készen vannak, csak körülbelül 4 evőkanál folyadék maradhat. Ha szükséges, távolítsa el a fedőt és a papírt, és csökkentse a szószt. Tegye félre a serpenyőt, amíg az articsóka éppen meleg vagy szobahőmérsékletű lesz.

f) Tálaláskor blansírozzuk a borsót 2 percig. Lecsepegtetjük, és a kaprot és az articsókával együtt a serpenyőbe tesszük, ízlés szerint fűszerezzük, és az egészet óvatosan összekeverjük.

75. Sült csirke csicsókával

Gyártmány: 4

ÖSSZETEVŐK

- 1 font / 450 g csicsóka, meghámozva és hosszában 6, 1,5 cm vastag szeletre vágva
- 3 evőkanál frissen facsart citromlé
- 8 bőrös, csontos csirkecomb, vagy 1 közepes egész csirke, negyedelve
- 12 banán vagy más nagy mogyoróhagyma, hosszában félbevágva
- 12 nagy gerezd fokhagyma, szeletelve
- 1 közepes citrom hosszában félbevágva, majd nagyon vékonyra szeletelve
- 1 tk sáfrány szál
- 3½ evőkanál / 50 ml olívaolaj
- ¾ csésze / 150 ml hideg víz
- 1¼ evőkanál rózsaszín bors, enyhén törve
- ¼ csésze / 10 g friss kakukkfűlevél
- 1 csésze / 40 g tárkonylevél apróra vágva
- 2 tk só
- ½ teáskanál frissen őrölt fekete bors

UTASÍTÁS

a) A csicsókát egy közepes lábasba tesszük, felöntjük bő vízzel, és hozzáadjuk a fél citrom levét. Forraljuk fel, csökkentsük a lángot, és lassú tűzön főzzük 10-20 percig, amíg megpuhul, de nem puha. Lecsöpögtetjük és hagyjuk kihűlni.

b) Tegye a csicsókát és az összes többi hozzávalót, a maradék citromlé és a tárkony fele kivételével egy nagy keverőtálba, és kézzel keverje jól össze az egészet. Fedjük le, és hagyjuk a hűtőben pácolódni egy éjszakán át, de legalább 2 órán keresztül.

c) Melegítsük elő a sütőt 475°F / 240°C-ra. A csirkedarabokat bőrös felével felfelé egy serpenyő közepére helyezzük, és a többi hozzávalót a csirke köré kenjük. 30 percig sütjük. Fedjük le a serpenyőt alufóliával, és süssük további 15 percig. Ezen a ponton a csirkének teljesen meg kell főznie. Kivesszük a sütőből, és hozzáadjuk a tárkonyt és a citromlevet. Jól elkeverjük, megkóstoljuk, és ha szükséges, még sózzuk. Egyszerre tálaljuk.

76. Buggyantott csirke freekeh-vel

Gyártmány: 4 nagyvonalúan

ÖSSZETEVŐK

- 1 kis szabadtartású csirke, körülbelül 3¼ font / 1,5 kg
- 2 hosszú fahéjrúd
- 2 közepes sárgarépa, meghámozva és 2 cm vastag szeletekre vágva
- 2 babérlevél
- 2 csokor lapos levelű petrezselyem (összesen kb. 2½ uncia / 70 g)
- 2 nagy hagyma
- 2 evőkanál olívaolaj
- 2 csésze / 300 g repesztett freekeh
- ½ teáskanál őrölt szegfűbors
- ½ teáskanál őrölt koriander
- 2½ evőkanál / 40 g sótlan vaj
- ⅔ csésze / 60 g szeletelt mandula
- sót és frissen őrölt fekete borsot

UTASÍTÁS

a) Helyezze a csirkét egy nagy fazékba, a fahéjjal, sárgarépával, babérlevéllel, 1 csokor petrezselyemmel és 1 teáskanál sóval együtt. 1 hagymát negyedeljünk és adjuk hozzá az edényhez. Adjunk hozzá hideg vizet, hogy majdnem ellepje a csirkét; felforraljuk, és lefedve pároljuk 1 órán át, időnként lefölözve az olajat és a habot a felületről.

b) Körülbelül a csirke főzésének felénél szeleteljük fel vékonyan a második hagymát, és tegyük egy közepes serpenyőbe az olívaolajjal. Közepes-alacsony lángon 12-15 percig pirítjuk, amíg a hagyma aranybarna és puha nem lesz. Adjuk hozzá a freekeh-t, a szegfűborsot, a koriandert, a ½ teáskanál sót és egy kis fekete borsot. Jól keverje össze, majd adjon hozzá 2½ csésze / 600 ml csirkehúslevest. Vegyük fel a hőt közepesen magasra. Amint felforr a húsleves, fedjük le az edényt, és csökkentsük a hőt. Óvatosan pároljuk 20 percig, majd vegyük le a tűzről és hagyjuk még 20 percig lefedve.

c) Távolítsa el a leveleket a megmaradt petrezselyemcsokorból, és ne túl apróra vágja. Adjuk hozzá az apróra vágott petrezselyem nagy részét a főtt freekehhez, villával keverjük össze.
d) A csirkét kiemeljük a léből, és vágódeszkára helyezzük. Óvatosan vágja le a melleket, és ferdén szeletelje fel vékonyan; távolítsa el a húst a lábakról és a combokról. Tartsa melegen a csirkét és a freekeh-t.
e) Tálaláskor tegyük a vajat, a mandulát és egy kis sót egy kis serpenyőbe, és süssük aranybarnára. Kanalazza a freekeh-t az egyes tálalóedényekre vagy egy tálra. A tetejére rátesszük a comb- és combhúst, majd szépen elrendezzük rajta a mellszeleteket. A mandulával és a vajjal, valamint egy pici petrezselyemmel fejezzük be.

77. Csirke hagymás és kardamomos rizzsel

Gyártmány: 4

ÖSSZETEVŐK
- 3 evőkanál / 40 g cukor
- 3 evőkanál / 40 ml víz
- 2½ evőkanál / 25 g borbolya (vagy ribizli)
- 4 evőkanál olívaolaj
- 2 közepes hagyma, vékonyra szeletelve (2 csésze / összesen 250 g)
- 2¼ font / 1 kg bőrös, csontos csirkecomb vagy 1 egész csirke negyedelve
- 10 db kardamom hüvely
- lekerekített ¼ tk egész szegfűszeg
- 2 hosszú fahéjrúd, ketté törve
- 1⅔ csésze / 300 g basmati rizs
- 2¼ csésze / 550 ml forrásban lévő víz
- 1½ evőkanál / 5 g lapos levelű petrezselyemlevél apróra vágva
- ½ csésze / 5 g kaporlevél, apróra vágva
- ¼ csésze / 5 g korianderlevél, apróra vágva
- ⅓ csésze / 100 g görög joghurt, 2 evőkanál olívaolajjal elkeverve (opcionális)
- sót és frissen őrölt fekete borsot

UTASÍTÁS
a) A cukrot és a vizet egy kis lábasba tesszük, és addig melegítjük, amíg a cukor fel nem oldódik. Lehúzzuk a tűzről, hozzáadjuk a borbolát, és félretesszük ázni. Ha ribizlit használ, nem kell ilyen módon áztatnia.

b) Közben egy nagy serpenyőben, amelyhez fedő van, közepes lángon felforrósítjuk az olívaolaj felét, hozzáadjuk a hagymát, és 10-15 percig főzzük, időnként megkeverve, amíg a hagyma mélyen aranybarna nem lesz. Tegye át a hagymát egy kis tálba, és törölje tisztára a serpenyőt.

c) Helyezze a csirkét egy nagy keverőtálba, és ízesítse 1½ teáskanál sóval és fekete borssal. Adjuk hozzá a maradék olívaolajat, a kardamomot, a szegfűszeget és a fahéjat, majd kézzel keverjük jól össze az egészet. Ismét felmelegítjük a serpenyőt, és beletesszük a csirkét és a fűszereket. Mindkét oldalát 5 percig pirítjuk, majd kivesszük a serpenyőből (ez azért fontos, mert részben megsül a csirke). A fűszerek a serpenyőben maradhatnak, de ne aggódj, ha ráragadnak a csirkére. Távolítsa el a maradék olaj nagy részét is, csak egy vékony filmet hagyjon az alján. Adjuk hozzá a rizst, a karamellizált hagymát, 1 teáskanál sót és sok fekete borsot. A borbolát lecsepegtetjük, és azt is hozzáadjuk. Jól összekeverjük, és a megsült csirkét visszatesszük a serpenyőbe, belenyomva a rizsbe.

d) Öntsük a forrásban lévő vizet a rizsre és a csirkére, fedjük le a serpenyőt, és nagyon alacsony lángon főzzük 30 percig. Vegyük le a serpenyőt a tűzről, vegyük le a fedőt, gyorsan helyezzünk egy tiszta konyharuhát a serpenyőre, és ismét zárjuk le a fedővel. Hagyja az edényt zavartalanul további 10 percig. Végül adjuk hozzá a fűszernövényeket, és villával keverjük össze őket, és habosítsuk fel a rizst. Kóstoljuk meg, és ha szükséges, sózzuk, borsozzuk még. Ízlés szerint melegen vagy joghurttal tálaljuk.

78. Apróra vágott máj

Gyártmány: 4-6

ÖSSZETEVŐK

- 6½ evőkanál / 100 ml olvasztott liba- vagy kacsazsír
- 2 nagy hagyma, szeletelve (kb. 3 csésze / összesen 400 g)
- 14 oz / 400 g csirkemáj, megtisztítva és nagyjából 1¼ hüvelykes / 3 cm-es darabokra törve
- 5 extra nagy, szabadtartású tojás keményen főtt
- 4 evőkanál desszertbor
- 1 teáskanál só
- ½ teáskanál frissen őrölt fekete bors
- 2-3 zöldhagyma vékonyra szeletelve
- 1 evőkanál apróra vágott metélőhagyma

UTASÍTÁS

a) A libazsír kétharmadát egy nagy serpenyőbe tesszük, és a hagymát közepes lángon 10-15 perc alatt, időnként megkeverve pirítjuk sötétbarnára. Vegye ki a hagymát a serpenyőből, közben kissé nyomja le, hogy maradjon egy kis zsír a serpenyőben. Ha szükséges, adjunk hozzá egy kis zsírt. Adjuk hozzá a májat, és főzzük legfeljebb 10 percig, időnként megkeverve, amíg a közepe megfelelően megsül – ebben a szakaszban nem szabad kijönnie a vérnek.

b) Keverje össze a májat a hagymával, mielőtt összevágja. Ennek legjobb módja egy húsdaráló, amely kétszer dolgozza fel a keveréket a megfelelő állag eléréséhez. Ha nincs húsdarálód, akkor egy konyhai robotgép is jó. Keverje meg a hagymát és a májat két-három részletben, hogy a gép edénye ne legyen túl tele. Pulzáljon 20-30 másodpercig, majd ellenőrizze, hogy a máj és a hagyma egyenletesen sima, mégis „dudoros" masszává alakult-e. Tegyünk mindent egy nagy keverőtálba.

c) A tojásokat meghámozzuk, majd kettőt durvára, másik kettőt pedig finomra reszelünk, és a májas keverékhez adjuk. Hozzáadjuk a maradék zsírt, a desszertbort, valamint a sót és a borsot, majd az egészet óvatosan összedolgozzuk. Helyezze át a keveréket egy nemfémes lapos edénybe, és fedje le szorosan a felületet műanyag fóliával. Hagyjuk kihűlni, majd legalább 2 órára hűtőbe tesszük, hogy kicsit megdermedjen.

d) Tálaláskor a maradék tojást finomra vágjuk. Az apróra vágott májat az egyes tányérokra kanalazzuk, a felaprított tojással díszítjük, és megszórjuk zöldhagymával és metélőhagymával.

79. Sáfrányos csirke és gyógynövény saláta

Gyártmány: 6

ÖSSZETEVŐK

- 1 narancs
- 2½ evőkanál / 50 g méz
- ½ teáskanál sáfrány szál
- 1 evőkanál fehérborecet
- 1¼ csésze / körülbelül 300 ml víz
- 2¼ font / 1 kg bőr nélküli, csont nélküli csirkemell
- 4 evőkanál olívaolaj
- 2 kis édesköményhagyma, vékonyra szeletelve
- 1 csésze / 15 g szedett korianderlevél
- ⅔ csésze / 15 g szedett bazsalikomlevél, tépve
- 15 szedett mentalevél, tépve
- 2 evőkanál frissen facsart citromlé
- 1 piros chili, vékonyra szeletelve
- 1 gerezd fokhagyma, összetörve
- sót és frissen őrölt fekete borsot

UTASÍTÁS

a) Melegítse elő a sütőt 400°F / 200°C-ra. Vágja le és dobja el 1 cm-rel a narancs tetejétől és farkától, és vágja 12 szeletre, a bőrt megtartva. Távolítson el minden magot.

b) Helyezze a szeleteket egy kis serpenyőbe a mézzel, sáfránnyal, ecettel és annyi vízzel, hogy ellepje a narancskarikákat. Forraljuk fel, és lassú tűzön főzzük körülbelül egy órán át. A végén maradjon puha narancs és körülbelül 3 evőkanál sűrű szirup; a főzés közben adjunk hozzá vizet, ha a folyadék nagyon kevés lesz. Használjon konyhai robotgépet, hogy a narancsot és a szirupot sima, folyós masszává verje; ismét adjunk hozzá egy kevés vizet, ha szükséges.

c) Keverjük össze a csirkemellet az olívaolaj felével és bő sóval, borssal, és tegyük egy nagyon forró serpenyőre. Körülbelül 2 percig pirítsuk mindkét oldalon, hogy tiszta elszenesedés nyomokat kapjon. Tegyük át egy tepsibe, és tegyük a sütőbe 15-20 percre, amíg meg nem fő.

d) Ha a csirke kellően hideg ahhoz, hogy kezelni tudja, de még meleg, tépje fel kézzel durva, meglehetősen nagy darabokra. Tegyük egy nagy keverőtálba, öntsük rá a narancspép felét, és jól keverjük össze. (A másik felét hűtőszekrényben is eltarthatod néhány napig. Jó kiegészítője lehet a gyógynövényes salsának, ha olajos halakhoz, például makrélához vagy lazachoz tálalod.) Adja hozzá a többi hozzávalót a salátához, beleértve a többi hozzávalót is. olívaolajat, és óvatosan összeforgatjuk. Kóstoljuk meg, sózzuk, borsozzuk, és ha szükséges, még olívaolajat és citromlevet.

80. Hannukah csirke sofrito

ÖSSZETEVŐK

- 1 evőkanál napraforgóolaj
- 1 kis szabadtartású csirke, körülbelül 3¼ font / 1,5 kg, pillangósan vagy negyedelve
- 1 tk édes paprika
- ¼ tk őrölt kurkuma
- ¼ teáskanál cukor
- 2½ evőkanál frissen facsart citromlé
- 1 nagy hagyma, meghámozva és negyedelve
- napraforgóolaj, sütéshez
- 1⅔ font / 750 g Yukon Gold burgonya, meghámozva, megmosva és 2 cm-es kockákra vágva
- 25 gerezd fokhagyma, hámozatlan
- sót és frissen őrölt fekete borsot

UTASÍTÁS

a) Öntse az olajat egy nagy, sekély serpenyőbe vagy holland sütőbe, és tegye közepes lángra. Helyezze a csirkét laposan a serpenyőbe, bőrével lefelé, és süsse 4-5 percig, amíg aranybarna nem lesz. Ízesítsük végig paprikával, kurkumával, cukorral, ¼ teáskanál sóval, jó őrölt fekete borssal és 1½ evőkanál citromlével. Fordítsuk meg a csirkét úgy, hogy a bőre felfelé nézzen, adjuk hozzá a hagymát a serpenyőhöz, és fedjük le. Csökkentse a hőt alacsonyra, és főzze összesen körülbelül 1,5 órán át; ebbe beletartozik az az idő is, amikor a csirke megfőtt a burgonyával. Időnként emelje fel a fedőt, hogy ellenőrizze a folyadék mennyiségét a serpenyő alján. Az ötlet az, hogy a csirkét a saját levében főzzük és pároljuk, de szükség lehet egy kevés forrásban lévő víz hozzáadására, hogy mindig ¼ hüvelyk / 5 mm folyadék legyen a serpenyő alján.

b) Miután a csirke körülbelül 30 percig főtt, öntsön napraforgóolajat egy közepes serpenyőbe 3 cm mélységig, és helyezze közepesen magas lángra. A burgonyát és a fokhagymát néhány részletben, adagonként körülbelül 6 percig sütjük, amíg színt nem kap és ropogós lesz. Egy réskanállal emelje le az egyes adagokat az olajról papírtörlőre, majd szórja meg sóval.

c) Miután a csirkét 1 órán át főtt, emeljük ki a serpenyőből, és kanalazzuk bele a sült burgonyát és a fokhagymát, keverjük össze a főzőlével. Tegye vissza a csirkét a serpenyőbe, és tegye a burgonya tetejére a főzés hátralevő részében, azaz 30 percben. A csirkének le kell esnie a csontról, a burgonyát pedig a főzőfolyadékban kell áztatni és teljesen puhára. Tálaláskor meglocsoljuk a maradék citromlével.

81. Hannukah Kofta B'siniyah

Gyártmány: 18 KOFTA

ÖSSZETEVŐK

- ⅔ csésze / 150 g világos tahini paszta
- 3 evőkanál frissen facsart citromlé
- ½ csésze / 120 ml víz
- 1 közepes gerezd fokhagyma, összetörve
- 2 evőkanál napraforgóolaj
- 2 evőkanál / 30 g sótlan vaj vagy ghí (opcionális)
- pirított fenyőmag, díszítéshez
- finomra vágott lapos petrezselyem, díszítéshez
- édes paprika, díszítésnek
- só

KOFTA

- 14 uncia / 400 g darált bárányhús
- 14 oz / 400 g darált borjú- vagy marhahús
- 1 kis hagyma (körülbelül 150 g), apróra vágva
- 2 nagy gerezd fokhagyma, összetörve
- 7 evőkanál / 50 g pirított fenyőmag, durvára vágva
- ½ csésze / 30 g finomra vágott lapos petrezselyem
- 1 nagy közepesen csípős piros chili kimagozva és apróra vágva
- 1½ teáskanál őrölt fahéj
- 1½ teáskanál őrölt szegfűbors
- ¾ tk reszelt szerecsendió
- 1½ teáskanál frissen őrölt fekete bors
- 1½ teáskanál só

UTASÍTÁS

a) Tedd a kofta összes hozzávalóját egy tálba, és a kezeddel alaposan keverd össze az egészet. Most formázzunk hosszú, torpedószerű ujjakká, nagyjából 8 cm hosszúak (egyenként kb. 2 uncia/60 g). Nyomja meg a keveréket, hogy összenyomja, és győződjön meg arról, hogy minden kofta feszes és megtartja alakját. Tegye egy tányérra, és hűtse le, amíg készen nem áll a főzésre, legfeljebb 1 napig.

b) Melegítsük elő a sütőt 425°F / 220°C-ra. Egy közepes tálban keverje össze a tahini pasztát, a citromlevet, a vizet, a fokhagymát és a ¼ teáskanál sót. A szósznak kissé folyósabbnak kell lennie, mint a méznél; adjunk hozzá 1-2 evőkanál vizet, ha szükséges.
c) Egy nagy serpenyőben nagy lángon felhevítjük a napraforgóolajat, és megpirítjuk a koftát. Tegye ezt kötegekben, hogy ne szoruljanak egymáshoz. Süssük minden oldalukat aranybarnára, adagonként körülbelül 6 percig. Ezen a ponton közepesen ritkáknak kell lenniük. Kivesszük a formából, és sütőpapíros tepsire rendezzük. Ha közepesre vagy jól sültre szeretné sütni, tegye be a tepsit a sütőbe 2-4 percre.
d) A kofta köré kanalazzuk a tahini szószt, hogy ellepje a serpenyő alját. Ha szereted, a koftára is csorgass, de a hús egy részét hagyd szabadon. Tedd a sütőbe egy-két percre, hogy a szósz kicsit felmelegedjen.
e) Közben ha vajat használunk, olvasszuk fel egy kis lábasban, és hagyjuk kicsit megpirulni, vigyázva, hogy ne égjen meg. A koftára kanalazzuk a vajat, amint kijöttek a sütőből. Megszórjuk a fenyőmaggal és a petrezselyemmel, majd megszórjuk a paprikával. Egyszerre tálaljuk.

82. Marhahúsgombóc Fava babbal és citrommal

Készítmény: Körülbelül 20 HÚSGODA

ÖSSZETEVŐK
- 4½ evőkanál olívaolaj
- 2⅓ csésze / 350 g fava bab, frissen vagy fagyasztva
- 4 egész kakukkfű gally
- 6 gerezd fokhagyma, szeletelve
- 8 zöldhagyma, ferdén ¾ hüvelykes / 2 cm-es szeletekre vágva
- 2½ evőkanál frissen facsart citromlé
- 2 csésze / 500 ml csirke alaplé
- sót és frissen őrölt fekete borsot
- 1½ teáskanál apróra vágott lapos petrezselyem, menta, kapor és koriander a befejezéshez

HÚSGOLYÓK
- 10 oz / 300 g darált marhahús
- 5 uncia / 150 g darált bárányhús
- 1 közepes hagyma, apróra vágva
- 1 csésze / 120 g zsemlemorzsa
- 2 evőkanál apróra vágott lapos petrezselyem, menta, kapor és koriander
- 2 nagy gerezd fokhagyma, összetörve
- 4 tk baharat fűszerkeverék (bolti vagylásd a receptet)
- 4 tk őrölt kömény
- 2 tk kapribogyó, apróra vágva
- 1 tojás, felvert

UTASÍTÁS
a) Helyezze a húsgombóc összes hozzávalóját egy nagy keverőtálba. Adjunk hozzá ¾ teáskanál sót és sok fekete borsot, és jól keverjük össze kézzel. Körülbelül akkora golyókat formázunk, mint a ping-pong labdákat. Melegíts fel 1 evőkanál olívaolajat közepes lángon egy extra nagy serpenyőben, amelyhez fedő van. Süssük meg a húsgombócok felét, és fordítsuk meg őket, amíg barna nem lesz, körülbelül 5 perc alatt. Vegyük ki, adjunk hozzá még 1½

teáskanál olívaolajat a serpenyőbe, és főzzük meg a másik adag húsgombócokat. Vegye ki a serpenyőből és törölje le.

b) Amíg a húsgombóc sül, a fava babot bő, sós forrásban lévő vízben edénybe dobjuk, és 2 percig blansírozzuk. Leszűrjük és hideg víz alatt felfrissítjük. Távolítsa el a héját a fél fava babról, és dobja ki a héját.

c) A maradék 3 evőkanál olívaolajat melegítsd fel közepes lángon ugyanabban a serpenyőben, amelyben a húsgombócokat sütötted. Adjuk hozzá a kakukkfüvet, a fokhagymát és a zöldhagymát, és pirítsuk 3 percig. Adjuk hozzá a hámozatlan fava babot, 1½ evőkanál citromlevet, ⅓ csésze / 80 ml alaplét, ¼ teáskanál sót és sok fekete borsot. A babot majdnem be kell fedni a folyadékkal. Fedjük le a serpenyőt, és lassú tűzön főzzük 10 percig.

d) Tegye vissza a húsgombócokat a serpenyőbe a fava babot tartva. Adjuk hozzá a maradék alaplét, fedjük le a serpenyőt, és lassú tűzön pároljuk 25 percig. Kóstoljuk meg a szószt, és állítsuk be a fűszerezést. Ha nagyon folyós, vegyük le a fedőt és csökkentsük egy kicsit. Ha a húsgombócok abbahagyják a főzést, sok levet felszívnak, ezért ügyeljen arra, hogy ezen a ponton legyen még bőven szósz. A húsgombócokat most a tűzről leléve hagyhatod tálalásig.

e) Közvetlenül tálalás előtt melegítse fel a húsgombócokat, és ha szükséges, adjon hozzá egy kevés vizet, hogy elegendő szószt kapjon. Adjuk hozzá a maradék fűszernövényeket, a maradék 1 evőkanál citromlevet és a meghámozott fava babot, és nagyon óvatosan keverjük össze. Azonnal tálaljuk.

83. Bárányhúsgombóc borbolával, joghurttal és fűszernövényekkel

Készítmény: Körülbelül 20 HÚSGODA

ÖSSZETEVŐK

- 1⅔ font / 750 g darált bárányhús
- 2 közepes hagyma, apróra vágva
- ⅔ oz / 20 g lapos petrezselyem, finomra vágva
- 3 gerezd fokhagyma, összetörve
- ¾ tk őrölt szegfűbors
- ¾ tk őrölt fahéj
- 6 evőkanál / 60 g borbolya
- 1 nagy szabadtartású tojás
- 6½ evőkanál / 100 ml napraforgóolaj
- 1½ font / 700 g banán vagy más nagy mogyoróhagyma, meghámozva
- ¾ csésze plusz 2 evőkanál / 200 ml fehérbor
- 2 csésze / 500 ml csirke alaplé
- 2 babérlevél
- 2 szál kakukkfű
- 2 tk cukor
- 5 uncia / 150 g szárított füge
- 1 csésze / 200 g görög joghurt
- 3 evőkanál menta, koriander, kapor és tárkony kevert, durvára tépve
- sót és frissen őrölt fekete borsot

UTASÍTÁS

a) Helyezze a bárányhúst, a hagymát, a petrezselymet, a fokhagymát, a szegfűborsot, a fahéjat, a borbolát, a tojást, 1 teáskanál sót és ½ teáskanál fekete borsot egy nagy tálba. Keverjük össze a kezünkkel, majd forgassuk golflabda méretű labdákká.

b) Az olaj egyharmadát közepes lángon felforrósítjuk egy nagy, vastag aljú edényben, amelyhez szorosan zárható fedő van. Tegyünk bele néhány húsgombócot, és főzzük, és forgassuk meg néhány percig, amíg mindenhol elszíneződik. Kivesszük az

edényből és félretesszük. A maradék fasírtokat ugyanígy megfőzzük.
c) Törölje tisztára az edényt, és adja hozzá a maradék olajat. Adjuk hozzá a medvehagymát, és főzzük közepes lángon 10 percig, gyakran kevergetve, amíg aranybarna nem lesz. Adjuk hozzá a bort, hagyjuk buborékolni egy-két percig, majd adjuk hozzá a csirkehúslevet, a babérlevelet, a kakukkfüvet, a cukrot és egy kis sót és borsot. Rendezzük el a fügét és a húsgombócokat a medvehagyma közé és a tetejére; a húsgombócokat majdnem el kell fedni a folyadékkal. Forraljuk fel, fedjük le, csökkentsük a hőt nagyon alacsonyra, és hagyjuk párolni 30 percig. Vegyük le a fedőt, és pároljuk még körülbelül egy órán át, amíg a szósz lecsökken, és íze felerősödik. Kóstoljuk meg, sózzuk, borsozzuk, ha szükséges.
d) Tegyük át egy nagy, mély tálba. A joghurtot felverjük, a tetejére öntjük, és megszórjuk a fűszernövényekkel.

84. Pulyka és cukkinis hamburgerek zöldhagymával és köménnyel

Gyártmány: Körülbelül 18 BUGER

ÖSSZETEVŐK

- 1 font / 500 g őrölt pulyka
- 1 nagy cukkini durvára reszelve (2 csésze / 200 g összesen)
- 3 zöldhagyma, vékonyra szeletelve
- 1 nagy szabadtartású tojás
- 2 evőkanál apróra vágott menta
- 2 evőkanál apróra vágott koriander
- 2 gerezd fokhagyma, összetörve
- 1 tk őrölt kömény
- 1 teáskanál só
- ½ teáskanál frissen őrölt fekete bors
- ½ teáskanál cayenne bors
- kb. 6½ evőkanál / 100 ml napraforgóolaj, pirításhoz

TEJFÉL ÉS SZUMACSZÓSZ

- ½ csésze / 100 g tejföl
- ⅔ csésze / 150 g görög joghurt
- 1 tk reszelt citromhéj
- 1 evőkanál frissen facsart citromlé
- 1 kis gerezd fokhagyma, összetörve
- 1½ evőkanál olívaolaj
- 1 evőkanál szömörce
- ½ teáskanál só
- ¼ teáskanál frissen őrölt fekete bors

UTASÍTÁS

a) Először elkészítjük a tejfölös szószt úgy, hogy az összes hozzávalót egy kis tálkába helyezzük. Jól keverjük össze, és tegyük félre vagy hűtsük le, amíg szükséges.

b) Melegítsük elő a sütőt 425°F / 220°C-ra. Egy nagy tálban a napraforgóolaj kivételével összedolgozzuk a húsgombócokhoz való összes hozzávalót. Keverje össze kézzel, majd formázzon körülbelül 18 hamburgert, mindegyik körülbelül 45 g súlyú.

c) Öntsön annyi napraforgóolajat egy nagy serpenyőbe, hogy körülbelül 1/16 hüvelyk / 2 mm vastag réteget képezzen a serpenyő alján. Közepes lángon forróra melegítjük, majd a húsgombócokat adagonként megsütjük minden oldalról. Mindegyik adagot körülbelül 4 percig sütjük, szükség szerint adjunk hozzá olajat, amíg aranybarna nem lesz.
d) Óvatosan tegyük át a megsült húsgombócokat egy viaszpapírral bélelt tepsire, és tegyük a sütőbe 5-7 percre, vagy amíg éppen meg nem sülnek. Melegen vagy szobahőmérsékleten tálaljuk, a szósszal rákanalazva vagy oldalára.

85. Polpettone

Gyártmány: 8

ÖSSZETEVŐK
- 3 nagy szabadtartású tojás
- 1 evőkanál apróra vágott lapos petrezselyem
- 2 tk olívaolaj
- 1 font / 500 g darált marhahús
- 1 csésze / 100 g zsemlemorzsa
- ½ csésze / 60 g sózatlan pisztácia
- ½ csésze / 80 g uborka (3 vagy 4), ⅜ hüvelykes / 1 cm-es darabokra vágva
- 200 g főtt marhanyelv (vagy sonka), vékonyra szeletelve
- 1 nagy sárgarépa, kockákra vágva
- 2 zellerszár, kockákra vágva
- 1 szál kakukkfű
- 2 babérlevél
- ½ hagyma, szeletelve
- 1 tk csirkealaplé
- forrásban lévő víz, főzni
- sót és frissen őrölt fekete borsot

SALSINA VERDE
- 2 uncia / 50 g lapos levelű petrezselyem ágak
- 1 gerezd fokhagyma, összetörve
- 1 evőkanál kapribogyó
- 1 evőkanál frissen facsart citromlé
- 1 evőkanál fehérborecet
- 1 nagy szabadtartású tojás keményre főzve és meghámozva
- ⅔ csésze / 150 ml olívaolaj
- 3 evőkanál zsemlemorzsa, lehetőleg frissen
- sót és frissen őrölt fekete borsot

UTASÍTÁS

a) Kezdje egy lapos omlett elkészítésével. Keverjünk össze 2 tojást, az apróra vágott petrezselymet és egy csipet sót. Melegítsük fel az olívaolajat egy nagy serpenyőben (kb. 28 cm átmérőjű) közepes lángon, és öntsük bele a tojásokat. 2-3 percig keverés nélkül főzzük, amíg a tojás vékony omlettet nem kap. Tedd félre kihűlni.

b) Egy nagy tálban keverjük össze a marhahúst, a zsemlemorzsát, a pisztáciát, az uborkát, a maradék tojást, 1 teáskanál sót és ½ teáskanál borsot. Helyezzen egy nagy tiszta konyharuhát (használjon egy régit, amitől nem bánja, ha meg akarja szabadulni; a tisztítása enyhe veszélyt jelent) a munkafelületére. Most vegye ki a húskeveréket, és terítse a törülközőre, és kézzel formázzon belőle téglalap alakú, 1 cm vastag és nagyjából 30 x 25 cm méretű korongot. Tartsa tisztán a kendő széleit.

c) Fedje le a húst a nyelvszeletekkel, és hagyjon 2 cm-t a szélén. Vágja az omlettet 4 széles csíkra, és egyenletesen terítse el a nyelven.

d) Emelje fel a ruhát, hogy az egyik széles oldaláról elkezdhesse befelé görgetni a húst. Folytassa a hús nagy kolbászformába forgatását, a törülköző segítségével. A végén egy feszes, zselés tekercsszerű cipót szeretne, kívül a darált marhahússal, a közepén pedig az omletttel. Fedjük le a cipót egy törülközővel, jól tekerjük be, hogy jól zárjon. Kösse meg a végét zsinórral, és dugja be a felesleges ruhát a rönk alá, így egy szorosan megkötött köteget kap.

e) Helyezze a köteget egy nagy serpenyőbe vagy holland sütőbe. A répát, a zellert, a kakukkfüvet, a babot, a hagymát és az alaplevet a cipó köré dobjuk, és forrásban lévő vízzel felöntjük, hogy majdnem ellepje. Fedjük le az edényt fedővel, és hagyjuk 2 órán át főni.

f) Vegyük ki a cipót a serpenyőből, és tegyük félre, hogy a folyadék egy része lefolyjon (az orrvadászlét remek levesalap lesz). Körülbelül 30 perc elteltével tegyen valami nehéz dolgot a tetejére, hogy több levet távolítson el. Amikor elérte a szobahőmérsékletet, 3-4 órára tedd a hűtőbe, még mindig ruhával letakarva, hogy alaposan lehűljön.

g) A szószhoz az összes hozzávalót robotgépbe tesszük, és durva állagúra pörgetjük (vagy a rusztikus megjelenés érdekében kézzel aprítsuk fel a petrezselymet, a kapribogyót és a tojást, és keverjük össze a többi hozzávalóval). Kóstoljuk meg és állítsuk be a fűszerezést.

h) Tálaláshoz vegye le a cipót a törülközőről, vágja 1 cm vastag szeletekre, és rétegezze egy tálra. A szószt az oldalára tálaljuk.

86. Párolt tojás bárányhússal, Tahinivel és Szumákkal

Gyártmány: 4

ÖSSZETEVŐK

- 1 evőkanál olívaolaj
- 1 nagy hagyma, apróra vágva (1¼ csésze / 200 g összesen)
- 6 gerezd fokhagyma, vékonyra szeletelve
- 10 uncia / 300 g darált bárányhús
- 2 tk szömörce, plusz plusz a befejezéshez
- 1 tk őrölt kömény
- ½ csésze / 50 g pirított, sótlan pisztácia, összetörve
- 7 evőkanál / 50 g pirított fenyőmag
- 2 tk harissa massza (bolti vagylásd a receptet)
- 1 evőkanál finomra vágott tartósított citromhéj (bolti illlásd a receptet)
- 1⅓ csésze / 200 g koktélparadicsom
- ½ csésze / 120 ml csirke alaplé
- 4 nagy szabadtartású tojás
- ¼ csésze / 5 g leszedett korianderlevél, vagy 1 evőkanálZhoug
- sót és frissen őrölt fekete borsot

JOGURT SZÓSZ

- ½ csésze / 100 g görög joghurt
- 1½ evőkanál / 25 g tahini paszta
- 2 evőkanál frissen facsart citromlé
- 1 evőkanál víz

UTASÍTÁS

a) Melegítsük fel az olívaolajat közepes lángon egy közepes, vastag aljú serpenyőben, amelyhez szorosan zárható fedő van. Adjuk hozzá a hagymát és a fokhagymát, és pirítsuk 6 percig, hogy kissé megpuhuljon és színeződjön. Emeld fel a hőt magasra, add hozzá a bárányhúst, és pirítsd jól 5-6 perc alatt. Ízesítsük szömörcével, köménnyel, ¾ teáskanál sóval és némi fekete borssal, és főzzük még egy percig. Kapcsolja le a tüzet, keverje hozzá a diót, a harissát és a tartósított citromot, és tegye félre.

b) Amíg a hagyma sül, hevíts fel egy külön kis öntöttvas vagy más nehéz serpenyőt nagy lángon. Ha már felforrósodott, adjuk hozzá a koktélparadicsomot, és pároljuk 4-6 percig, időnként dobjuk bele a serpenyőbe, amíg a külső enyhén megfeketedik. Félretesz, mellőz.
c) Készítsük el a joghurtos szószt úgy, hogy az összes hozzávalót egy csipet sóval összekeverjük. Sűrűnek és dúsnak kell lennie, de ha merev, akkor lehet, hogy öntsünk hozzá egy csepp vizet.
d) A húst, a paradicsomot és a szószt ebben a szakaszban legfeljebb egy óráig hagyhatja. Ha készen állunk a tálalásra, melegítsük fel a húst, adjuk hozzá a csirkehúslevet, és forraljuk fel. Készítsen 4 kis mélyedést a keverékben, és mindegyik mélyedésbe törjön egy tojást. Fedjük le a serpenyőt, és lassú tűzön főzzük a tojásokat 3 percig. A tetejére tesszük a paradicsomot, elkerülve a sárgáját, ismét lefedjük, és 5 percig főzzük, amíg a tojásfehérje megfő, de a sárgája még folyós lesz.
e) A tűzről levéve meglocsoljuk a joghurtos szósszal, megszórjuk szömörce-szel, és a végén a korianderrel. Egyszerre tálaljuk.

87. Lassan főtt borjúhús aszalt szilvával és póréhagymával

Gyártmány: 4 nagyvonalúan

ÖSSZETEVŐK

- ½ csésze / 110 ml napraforgóolaj
- 4 nagy osso buco steak csonton (összesen kb. 2¼ font / 1 kg)
- 2 nagy hagyma, apróra vágva (kb. 3 csésze / 500 g összesen)
- 3 gerezd fokhagyma, összetörve
- 6½ evőkanál / 100 ml száraz fehérbor
- 1 csésze / 250 ml csirke- vagy marhaalaplé
- egy 14 uncia / 400 g-os doboz apróra vágott paradicsom
- 5 kakukkfű gally, levelei apróra vágva
- 2 babérlevél
- ½ narancs héja, csíkokban
- 2 kis fahéjrúd
- ½ teáskanál őrölt szegfűbors
- 2 csillagánizs
- 6 nagy póréhagyma, csak fehér része (1¾ font / 800 g összesen), 1,5 cm-es szeletekre vágva
- 200 g puha aszalt szilva, kimagozva
- sót és frissen őrölt fekete borsot
- KISZOLGÁLNI
- ½ csésze / 120 g görög joghurt
- 2 evőkanál finomra vágott lapos petrezselyem
- 2 evőkanál reszelt citromhéj
- 2 gerezd fokhagyma, összetörve

UTASÍTÁS

a) Melegítsük elő a sütőt 350°F / 180°C-ra.
b) Melegítsünk fel 2 evőkanál olajat egy nagy, vastag fenekű serpenyőben nagy lángon. A borjúdarabokat mindkét oldalukon 2 percig sütjük, a húst jól megpirítjuk. Tedd át egy szűrőedénybe, hogy lecsöpögjön, amíg elkészíted a paradicsomszószt.
c) Távolítsuk el a zsír nagy részét a serpenyőből, adjunk hozzá még 2 evőkanál olajat, és adjuk hozzá a hagymát és a fokhagymát. Visszatesszük közepesen magas hőre, és időnként megkeverve

és a serpenyő alját fakanállal kaparva pároljuk kb. 10 percig, amíg a hagyma megpuhul és aranyszínű lesz. Hozzáadjuk a bort, felforraljuk, és 3 percig erőteljesen pároljuk, amíg a nagy része el nem párolog. Hozzáadjuk az alaplé felét, a paradicsomot, a kakukkfüvet, az öblöt, a narancshéjat, a fahéjat, a szegfűborsot, a csillagánizst, 1 teáskanál sót és egy kis fekete borsot. Jól elkeverjük és felforraljuk. Adjuk hozzá a borjúdarabokat a szószhoz, és keverjük bevonni.

d) Helyezze át a borjúhúst és a szószt egy körülbelül 13 × 9½ hüvelyk / 33 × 24 cm-es mély tepsibe, és terítse el egyenletesen. Fedjük le alufóliával és tegyük a sütőbe 2 és fél órára. A főzés során néhányszor ellenőrizze, hogy a szósz nem válik-e túl sűrűvé és nem ég-e meg az oldala; ennek megelőzése érdekében valószínűleg hozzá kell adni egy kis vizet. A hús akkor van készen, ha könnyen leválik a csontról. Emelje ki a borjúhúst a szószból, és tegye egy nagy tálba. Amikor már elég hűvös a kezeléshez, szedjük le az összes húst a csontokról, és egy kis késsel kaparjuk ki a csontvelőt. Dobja el a csontokat.

e) A maradék olajat külön serpenyőben felhevítjük, és a póréhagymát nagy lángon körülbelül 3 percig jól megpirítjuk, időnként megkeverve. Rákanalazzuk őket a paradicsomszószra. Ezután a serpenyőben, amelyben a paradicsomszószt készítetted, keverd össze az aszalt szilvát, a maradék alaplevet, valamint a kihúzott húst és a csontvelőt, és ezt kanalazd a póréhagymára. Fedjük le újra alufóliával, és főzzük még egy órán át. Ha kivettük a sütőből, kóstoljuk meg, és ha szükséges, ízesítsük sóval és még több fekete borssal.

f) Forrón tálaljuk, hideg joghurtot kanalazva a tetejére, megszórva petrezselyem, citromhéj és fokhagyma keverékével.

88. Hannukah Lamb shawarma

Gyártmány: 8

ÖSSZETEVŐK

- 2 tk fekete bors
- 5 egész szegfűszeg
- ½ teáskanál kardamom hüvely
- ¼ tk görögszéna mag
- 1 tk édesköménymag
- 1 evőkanál köménymag
- 1 csillagánizs
- ½ fahéjrúd
- ½ egész szerecsendió, lereszelve
- ¼ tk őrölt gyömbér
- 1 evőkanál édes paprika
- 1 evőkanál szömörce
- 2½ teáskanál Maldon tengeri só
- 1 uncia / 25 g friss gyömbér, reszelve
- 3 gerezd fokhagyma, összetörve
- ⅔ csésze / 40 g apróra vágott koriander, szárak és levelek
- ¼ csésze / 60 ml frissen facsart citromlé
- ½ csésze / 120 ml mogyoróolaj
- 1 csontos báránycomb, körülbelül 5½-6½ font / 2,5-3 kg
- 1 csésze / 240 ml forrásban lévő víz

UTASÍTÁS

a) Tegye az első 8 hozzávalót egy öntöttvas serpenyőbe, és közepesen magas hőfokon szárazon pirítsa egy-két percig, amíg a fűszerek elkezdenek pattogni, és felszabadítják az aromáikat. Ügyeljen arra, hogy ne égesse meg őket. Adjuk hozzá a szerecsendiót, a gyömbért és a paprikát, dobjuk még néhány másodpercig, hogy felforrósítsák, majd tegyük át egy fűszerdarálóba. A fűszereket egynemű porrá dolgozzuk. Tegyük át egy közepes tálba, és keverjük hozzá az összes többi hozzávalót, kivéve a bárányhúst.

b) Kis, éles késsel vágja be a báránycombot néhány helyen, 1,5 cm mély réseket vágva a zsíron és a húson, hogy a pác beszivárogjon. Tegye egy nagy serpenyőbe, és dörzsölje be a páccal. a bárány; kézzel masszírozza jól a húst. Fedjük le a serpenyőt alufóliával, és hagyjuk félre legalább néhány órára, vagy lehetőleg egy éjszakán át hűtsük le.
c) Melegítsük elő a sütőt 325°F / 170°C-ra.
d) Tegye be a bárányt a sütőbe zsíros oldalával felfelé, és süsse összesen körülbelül 4 és fél órán keresztül, amíg a hús teljesen megpuhul. 30 perc sütés után öntsük a forrásban lévő vizet a serpenyőbe, és ezzel a folyadékkal kb. óránként kenjük meg a húst. Adjon hozzá még vizet, ha szükséges, ügyelve arra, hogy mindig körülbelül 0,5 cm legyen a serpenyő alján. Az utolsó 3 órában a bárányt letakarjuk alufóliával, nehogy a fűszerek megégjenek. Ha elkészült, vegyük ki a bárányt a sütőből, és hagyjuk 10 percig pihenni, mielőtt faragnánk és tálalnánk.
e) Véleményünk szerint ennek legjobb kiszolgálási módját Izrael leghíresebb shakshuka étterme ihlette (LÁSD RECEPTE), Dr. Shakshuka, Jaffában, Bino Gabso tulajdona. Vegyen elő hat különálló pita zsebet, és kenje meg őket bőségesen ⅔ csésze / 120 g apróra vágott paradicsomkonzerv, 2 teáskanál / 20 g harissa paszta, 4 teáskanál / 20 g paradicsompüré, 1 evőkanál olívaolaj és némi só keverésével. és borsot. Ha kész a bárány, melegítsük fel a pitákat egy forró serpenyőben, amíg mindkét oldalukon szép szenesnyomokat nem kapnak. Szeletelje fel a meleg bárányt, és vágja a szeleteket 1,5 cm-es csíkokra. Magasra halmozzuk őket minden meleg pitára, kanalazzuk rá a serpenyőben lévő pörkölőfolyadék egy részét, lecsökkentve, és a végén apróra vágott hagymával, apróra vágott petrezselyemmel és egy csipetnyi szumákóval fejezzük be. És ne feledkezzünk meg a friss uborkáról és paradicsomról sem. Ez egy mennyei étel.

89. Panfried Sea Bass Harissa & Rose-val

Gyártmány: 2-4

ÖSSZETEVŐK

- 3 evőkanál harissa massza (bolti vagylásd a receptet)
- 1 tk őrölt kömény
- 4 tengeri sügér filé, összesen körülbelül 1 font / 450 g, bőrrel és eltávolított tűcsontokkal
- univerzális liszt, porozáshoz
- 2 evőkanál olívaolaj
- 2 közepes hagyma, apróra vágva
- 6½ evőkanál / 100 ml vörösborecet
- 1 tk őrölt fahéj
- 1 csésze / 200 ml víz
- 1½ evőkanál méz
- 1 evőkanál rózsavíz
- ½ csésze / 60 g ribizli (opcionális)
- 2 evőkanál durvára vágott koriander (elhagyható)
- 2 tk kis szárított ehető rózsaszirom
- sót és frissen őrölt fekete borsot

UTASÍTÁS

a) Először pácoljuk be a halat. Keverje össze a harissa paszta felét, az őrölt köményt és ½ teáskanál sót egy kis tálban. Dörzsölje át a masszával a halfilét, és hagyja 2 órán át pácolódni a hűtőben.

b) A filéket megszórjuk egy kevés liszttel, és a felesleget lerázzuk róla. Az olívaolajat egy széles serpenyőben közepes-nagy lángon felforrósítjuk, és mindkét oldalát 2 percig sütjük. Lehet, hogy ezt két tételben kell megtennie. A halat félretesszük, az olajat a serpenyőben hagyjuk, és hozzáadjuk a hagymát. Körülbelül 8 percig keverjük, amíg a hagyma aranybarna nem lesz.

c) Adjuk hozzá a maradék harissát, az ecetet, a fahéjat, ½ teáskanál sót és sok fekete borsot. Felöntjük vízzel, csökkentjük a hőt, és 10-15 percig hagyjuk a szószt puhára párolni, amíg elég sűrű nem lesz.

d) Adjuk hozzá a mézet és a rózsavizet a serpenyőbe a ribizlivel együtt, ha használunk, és puhára pároljuk még néhány percig. Kóstolja meg és állítsa be a fűszerezést, majd tegye vissza a halfilét a serpenyőbe; kissé átfedheti őket, ha nem illenek teljesen. A mártást a halra kanalazzuk, és 3 percig hagyjuk felmelegedni a pároló szószban; lehet, hogy hozzá kell adni néhány evőkanál vizet, ha a szósz nagyon sűrű. Melegen vagy szobahőmérsékleten tálaljuk, megszórjuk a korianderrel, ha használunk, és a rózsaszirmokkal.

90. Hal és kapribogyó kebab égetett padlizsánnal és citromos savanyúsággal

Kiszerelés: 12 KEBABS

ÖSSZETEVŐK
- 2 közepes padlizsán (összesen kb. 1⅔ font / 750 g)
- 2 evőkanál görög joghurt
- 1 gerezd fokhagyma, összetörve
- 2 evőkanál apróra vágott lapos petrezselyem
- kb 2 evőkanál napraforgóolaj, sütéshez
- 2 tkGyorsan pácolt citrom
- sót és frissen őrölt fekete borsot
- HALAS KEBABS
- 14 uncia / 400 g foltos tőkehal vagy bármilyen más fehér halfilé, bőrrel és tűcsontokkal eltávolítva
- ½ csésze / 30 g friss zsemlemorzsa
- ½ nagy szabadtartású tojás, felverve
- 2½ evőkanál / 20 g kapribogyó, apróra vágva
- ⅔ oz / 20 g kapor, apróra vágva
- 2 zöldhagyma, apróra vágva
- 1 citrom reszelt héja
- 1 evőkanál frissen facsart citromlé
- ¾ tk őrölt kömény
- ½ teáskanál őrölt kurkuma
- ½ teáskanál só
- ¼ teáskanál őrölt fehér bors

UTASÍTÁS
a) Kezdje a padlizsánnal. A padlizsánhúst megégetjük, meghámozzuk és lecsepegtetjük az utasítások szerintÉgetett padlizsán fokhagymával, citrommal és gránátalma magokkalrecept. Ha jól lecsepegte, a húsát durvára vágjuk, és egy keverőtálba tesszük. Adjuk hozzá a joghurtot, a fokhagymát, a petrezselymet, 1 teáskanál sót és sok fekete borsot. Félretesz, mellőz.

b) Vágja a halat nagyon vékony, csak körülbelül 2 mm vastag szeletekre. A szeleteket apró kockákra vágjuk, és egy közepes keverőtálba tesszük. Adjuk hozzá a többi hozzávalót és jól keverjük össze. Nedvesítse meg a kezét, és formázzon a keverékből 12 pogácsát vagy ujjnyi pogácsát, mindegyik körülbelül 1½ uncia / 45 g. Tányérra tesszük, műanyag fóliával letakarjuk, és legalább 30 percre a hűtőben pihentetjük.

c) Öntsön annyi olajat egy serpenyőbe, hogy vékony filmréteg alakuljon ki az alján, és helyezze közepesen magas lángra. Főzze a kebabot adagonként 4-6 percig, majd fordítsa meg, amíg minden oldala meg nem színeződik és átsül.

d) A kebabot még forrón tálaljuk, adagonként 3-at, az égetett padlizsán és egy kis mennyiségű ecetes citrom mellé (vigyázat, a citrom dominál).

91. Sült makréla aranyrépával és narancsos salsával

Gyártmány: 4 INDÍTÁSNAK

ÖSSZETEVŐK

- 1 evőkanál harissa massza (bolti vagylásd a receptet)
- 1 tk őrölt kömény
- 4 makréla filé (összesen kb. 9 uncia / 260 g), bőrrel
- 1 közepes aranyrépa (3½ uncia / 100 g összesen)
- 1 közepes narancs
- 1 kis citrom, szélességben félbevágva
- ¼ csésze / 30 g kimagozott Kalamata olajbogyó, hosszában negyedelve
- ½ kis vöröshagyma, apróra vágva (¼ csésze / összesen 40 g)
- ¼ csésze / 15 g apróra vágott lapos petrezselyem
- ½ teáskanál koriandermag, pirítva és összetörve
- ¾ tk köménymag, pirítva és összetörve
- ½ teáskanál édes paprika
- ½ teáskanál chili pehely
- 1 evőkanál mogyoró- vagy dióolaj
- ½ teáskanál olívaolaj
- só

UTASÍTÁS

a) Keverjük össze a harissa pasztát, az őrölt köményt és egy csipet sót, és dörzsöljük bele a makréla filébe. Tedd félre a hűtőbe főzésig.

b) Főzzük a répát bő vízben körülbelül 20 percig (fajtától függően ez sokkal tovább tarthat), amíg egy nyárs simán bele nem csúszik. Hagyjuk kihűlni, majd hámozzuk meg, vágjuk 0,5 cm-es kockákra, és tegyük egy keverőtálba.

c) A narancs és az 1 citrom felét meghámozzuk, megszabadítjuk az összes külső magtól, és negyedekre vágjuk. Távolítsa el a középső magot és a magokat, és vágja fel a húst 0,5 cm-es kockákra. Adjuk hozzá a répához az olajbogyóval, a lilahagymával és a petrezselyemmel együtt.

d) Egy külön tálban keverjük össze a fűszereket, a maradék citromfél levét és a dióolajat. Ezt öntsük a répa-narancs keverékre, keverjük össze, és ízlés szerint sózzuk. A legjobb, ha a salsát legalább 10 percig szobahőmérsékleten állni hagyja, hogy az ízek összekeveredjenek.
e) Közvetlenül tálalás előtt melegítse fel az olívaolajat egy nagy, tapadásmentes serpenyőben, közepes lángon. Tegye a makrélafiléket bőrös felével lefelé a serpenyőbe, és főzze egyszer megfordítva körülbelül 3 percig, amíg meg nem fő. Tegyük a tányérokra, és kanalazzuk rá a salsát.

92. Tőkehal sütemények paradicsomszószban

Gyártmány: 4

ÖSSZETEVŐK

- 3 szelet fehér kenyér, kéreg eltávolítása (összesen kb. 2 uncia / 60 g)
- 1⅓ lb / 600 g tőkehal, laposhal, szürke tőkehal vagy pollock filé, bőrrel és tűcsontokkal eltávolítva
- 1 közepes hagyma, apróra vágva (kb. 1 csésze / összesen 150 g)
- 4 gerezd fokhagyma, zúzott
- 1 uncia / 30 g lapos petrezselyem, finomra vágva
- 1 uncia / 30 g koriander, finomra vágva
- 1 evőkanál őrölt kömény
- 1½ teáskanál só
- 2 extra nagy szabadtartású tojás felverve
- 4 evőkanál olívaolaj
- PARADICSOM SZÓSZ
- 2½ evőkanál olívaolaj
- 1½ teáskanál őrölt kömény
- ½ teáskanál édes paprika
- 1 tk őrölt koriander
- 1 közepes vöröshagyma, apróra vágva
- ½ csésze / 125 ml száraz fehérbor
- egy 14 uncia / 400 g-os doboz apróra vágott paradicsom
- 1 piros chili kimagozva és apróra vágva
- 1 gerezd fokhagyma, összetörve
- 2 tk szuperfinom cukor
- 2 evőkanál mentalevél, durvára vágva
- sót és frissen őrölt fekete borsot

UTASÍTÁS

a) Először elkészítjük a paradicsomszószt. Melegítsük fel az olívaolajat közepes lángon egy nagyon nagy serpenyőben, amelyhez fedő van. Adjuk hozzá a fűszereket és a hagymát, és főzzük 8-10 percig, amíg a hagyma teljesen megpuhul. Adjuk hozzá a bort, és forraljuk 3 percig. Adjuk hozzá a paradicsomot, a chilit, a fokhagymát, a cukrot, ½ teáskanál sót és egy kis fekete borsot. Körülbelül 15 percig pároljuk, egészen sűrűre. Kóstoljuk meg a fűszerezéshez, és tegyük félre.

b) Amíg a szósz fő, elkészítjük a halpogácsákat. Tegye a kenyeret aprítógépbe, és zsemlemorzsát formázzon. A halat nagyon apróra vágjuk, és egy tálba tesszük a kenyérrel és minden mással együtt, kivéve az olívaolajat. Jól keverjük össze, majd kézzel formázzuk a keverékből kb. ¾ hüvelyk / 2 cm vastag és 8 cm átmérőjű, tömör tortákat. 8 tortát kell kapnod. Ha nagyon puhák, tegyük hűtőbe 30 percre, hogy megszilárduljanak. (Tehetsz a keverékhez szárított zsemlemorzsát is, de ezt takarékosan tedd; a süteményeknek elég nedvesnek kell lenniük.)

c) Az olívaolaj felét egy serpenyőben, közepes lángon felhevítjük, hozzáadjuk a sütemények felét, és mindkét oldalát 3 percig pirítjuk, amíg szép színt kap. Ismételje meg a többi süteménnyel és az olajjal.

d) Óvatosan helyezze egymás mellé a sült süteményeket a paradicsomszószba; kicsit összenyomhatod, hogy mind elférjen. Csak annyi vizet adjon hozzá, hogy részben ellepje a süteményeket (kb. 1 csésze / 200 ml). Fedjük le a serpenyőt fedéllel, és lassú tűzön pároljuk 15-20 percig. Zárjuk le a tüzet, és tálalás előtt legalább 10 percig fedetlenül hagyjuk állni a süteményeket melegen vagy szobahőmérsékleten, mentával megszórva.

93. Grillezett halnyárs hawayejjel és petrezselyemmel

Gyártmány: 4-6

ÖSSZETEVŐK

- 2¼ font / 1 kg kemény fehér halfilé, például ördöghal vagy laposhal, meghámozva, a tűcsontokat eltávolítva és 1 hüvelykes / 2,5 cm-es kockákra vágva
- 1 csésze / 50 g finomra vágott lapos petrezselyem
- 2 nagy gerezd fokhagyma, összetörve
- ½ teáskanál chili pehely
- 1 evőkanál frissen facsart citromlé
- 2 evőkanál olívaolaj
- só
- citromszeletek, tálalni
- 15-18 hosszú bambusznyárs, 1 órára vízbe áztatva
- HAWAYEJ FŰSZERKEVERÉK
- 1 tk szemes fekete bors
- 1 tk koriandermag
- 1½ teáskanál köménymag
- 4 egész szegfűszeg
- ½ teáskanál őrölt kardamom
- 1½ teáskanál őrölt kurkuma

UTASÍTÁS

a) Kezdje a hawayej keverékkel. Tegye a borsot, a koriandert, a köményt és a szegfűszeget egy fűszerdarálóba vagy mozsárba, és dolgozza finomra. Adjuk hozzá az őrölt kardamomot és a kurkumát, keverjük jól össze, és tegyük át egy nagy keverőtálba.

b) Helyezze a halat, a petrezselymet, a fokhagymát, a chili pehelyt, a citromlevet és 1 teáskanál sót a hawayej fűszerekkel együtt. Keverjük jól össze kézzel, masszírozzuk bele a halat a fűszerkeverékbe, amíg minden darab jól be nem vonódik. Fedjük le a tálat, és ideális esetben hagyjuk 6-12 órán át a hűtőben pácolódni. Ha nem tud időt szakítani, ne aggódjon; egy óra is jó legyen.

c) Helyezzen egy bordázott serpenyőt nagy lángra, és hagyja körülbelül 4 percig, amíg fel nem melegszik. Közben a haldarabokat a nyársakra fűzzük, mindegyikre 5-6 darabot, ügyelve arra, hogy a darabok között hézagot hagyjunk. Óvatosan kenje meg a halat egy kevés olívaolajjal, és helyezze a nyársakat a forró rácsra 3-4 részletben, hogy ne kerüljenek túl közel egymáshoz. Mindkét oldalát körülbelül 1,5 percig grillezzük, amíg a hal meg nem sül. Alternatív megoldásként grillen vagy broiler alatt süsd meg őket, ahol mindkét oldaluk körülbelül 2 percet vesz igénybe.
d) Azonnal tálaljuk citromkarikákkal.

94. Fricassee saláta

Gyártmány: 4

ÖSSZETEVŐK

- 4 szál rozmaring
- 4 babérlevél
- 3 evőkanál fekete bors
- körülbelül 1⅔ csésze / 400 ml extra szűz olívaolaj
- 10½ oz / 300 g tonhal steak, egy vagy két darabban
- 1⅓ lb / 600 g Yukon Gold burgonya, meghámozva és 2 cm-es darabokra vágva
- ½ teáskanál őrölt kurkuma
- 5 szardella filé durvára vágva
- 3 evőkanál harissa massza (bolti vagylásd a receptet)
- 4 evőkanál kapribogyó
- 2 tk finomra vágott tartósított citromhéj, (bolti illlásd a receptet)
- ½ csésze / 60 g fekete olajbogyó, kimagozva és félbevágva
- 2 evőkanál frissen facsart citromlé
- 140 g tartósított piquillo paprika (kb. 5 paprika), durva csíkokra tépve
- 4 nagy tojás keményre főzve, meghámozva és negyedelve
- 2 bébi gyöngysaláta (összesen kb. 5 uncia / 140 g), levelei szétválasztva és tépve
- ⅔ oz / 20 g lapos levelű petrezselyem, levelei leszedve és tépve
- só

UTASÍTÁS

a) A tonhal elkészítéséhez tegye a rozmaringot, a babérlevelet és a borsot egy kis serpenyőbe, és öntse hozzá az olívaolajat. Melegítse fel az olajat közvetlenül a forráspont alá, amikor apró buborékok kezdenek megjelenni. Óvatosan adjuk hozzá a tonhalat (a tonhalat teljesen le kell fedni; ha nem, hevíts fel még olajat, és öntsd a serpenyőbe). Vegyük le a tűzről, és hagyjuk félre pár órát, fedő nélkül, majd fedjük le a serpenyőt és tegyük hűtőbe legalább 24 órára.

b) Főzzük a burgonyát a kurkumával bő sós, forrásban lévő vízben 10-12 percig, amíg meg nem fő. Óvatosan csepegtessük le, ügyelve arra, hogy a kurkuma víz ne folyjon ki (a foltokat fájdalmas eltávolítani!), és helyezzük egy nagy keverőtálba. Amíg a burgonya még forró, adjuk hozzá a szardella, harissa, kapribogyó, tartósított citrom, olajbogyó, 6 evőkanál / 90 ml tonhal tartósító olaj és néhány szem bors az olajból. Óvatosan keverjük össze és hagyjuk kihűlni.

c) A maradék olajból kiemeljük a tonhalat, falatnyi kockákra vágjuk, és a salátához adjuk. Adjuk hozzá a citromlevet, a paprikát, a tojást, a salátát és a petrezselymet. Óvatosan átforgatjuk, megkóstoljuk, sózzuk, ha kell, esetleg még olajat, majd tálaljuk.

95. Garnélarák, tengeri herkentyűk és kagylók paradicsommal és fetával

Gyártmány: 4 INDÍTÁSNAK

ÖSSZETEVŐK

- 1 csésze / 250 ml fehérbor
- 2¼ font / 1 kg kagyló, dörzsölt
- 3 gerezd fokhagyma, vékonyra szeletelve
- 3 evőkanál olívaolaj, plusz plusz a befejezéshez
- 3½ csésze / 600 g hámozott és apróra vágott olasz szilvaparadicsom (friss vagy konzerv)
- 1 tk szuperfinom cukor
- 2 evőkanál apróra vágott oregánó
- 1 citrom
- 7 oz / 200 g tigrisrák, meghámozva és kifejezve
- 200 g nagy kagyló (ha nagyon nagy, vízszintesen kettévágva)
- 4 uncia / 120 g feta sajt, ¾ hüvelykes / 2 cm-es darabokra törve
- 3 zöldhagyma, vékonyra szeletelve
- sót és frissen őrölt fekete borsot

UTASÍTÁS

a) Helyezze a bort egy közepes serpenyőbe, és forralja, amíg háromnegyedére csökken. Hozzáadjuk a kagylókat, azonnal fedjük le, és nagy lángon körülbelül 2 percig főzzük, időnként megrázva a serpenyőt, amíg a kagylók ki nem nyílnak. Tegyük át egy finom szitára, hogy lecsöpögjön, a főzőlevet egy tálba szedjük. Dobja el a nem nyíló kagylókat, majd távolítsa el a maradékot a héjából, hagyjon néhányat a héjukkal együtt, hogy befejezze az ételt, ha úgy tetszik.

b) Melegítsük elő a sütőt 475°F / 240°C-ra.

c) Egy nagy serpenyőben pirítsd meg a fokhagymát az olívaolajon közepesen magas lángon körülbelül 1 percig, amíg aranybarna nem lesz. Óvatosan adjuk hozzá a paradicsomot, a kagylófolyadékot, a cukrot, az oregánót és egy kis sót és borsot. Borotváljon le 3 héjat a citromról, adja hozzá, és lassú tűzön párolja 20-25 percig, amíg a szósz besűrűsödik. Kóstoljuk meg, és szükség szerint sózzuk, borsozzuk. Dobd el a citrom héját.

d) Adjuk hozzá a garnélarákot és a kagylót, óvatosan keverjük össze, és főzzük csak egy-két percig. Hajtsuk bele a héjas kagylót, és tegyük át mindent egy kis tűzálló edénybe. A feta darabokat mártsuk a szószba, és szórjuk meg a zöldhagymával. A tetejére tetszés szerint tegyünk héjában kagylót, és tegyük a sütőbe 3-5 percre, amíg a teteje kissé meg nem színeződik, és a garnélarák és a tengeri herkentyűk meg nem főnek. Vegyük ki az edényt a sütőből, facsarjunk a tetejére egy kevés citromlevet, és csepegtessük olívaolajjal a végén.

96. Lazac steak Chraimeh szószban

Gyártmány: 4

ÖSSZETEVŐK

- ½ csésze / 110 ml napraforgóolaj
- 3 evőkanál univerzális liszt
- 4 lazac steak, körülbelül 1 font / 950 g
- 6 gerezd fokhagyma, durvára vágva
- 2 tk édes paprika
- 1 evőkanál szárazon pirított és frissen őrölt kömény
- 1½ teáskanál őrölt kömény
- lekerekített ¼ tk cayenne bors
- lekerekített ¼ tk őrölt fahéj
- 1 zöld chili durvára vágva
- ⅔ csésze / 150 ml víz
- 3 evőkanál paradicsompüré
- 2 tk szuperfinom cukor
- 1 citrom 4 szeletre vágva, plusz 2 evőkanál frissen facsart citromlé
- 2 evőkanál durvára vágott koriander
- sót és frissen őrölt fekete borsot

UTASÍTÁS

a) Melegítsünk fel 2 evőkanál napraforgóolajat nagy lángon egy nagy serpenyőben, amelyhez fedő van. A lisztet egy sekély tálba tesszük, sózzuk, borsozzuk, és beledobjuk a halat. Rázzuk le a felesleges lisztet, és süssük egy-két percig mindkét oldalát, amíg aranybarna nem lesz. Távolítsa el a halat, és törölje le a serpenyőt.

b) Tegye a fokhagymát, a fűszereket, a chilit és a 2 evőkanál napraforgóolajat egy konyhai robotgépbe, és forgassa össze sűrű masszává. Lehet, hogy még egy kis olajat kell hozzáadnia, hogy minden összeálljon.

c) A maradék olajat a serpenyőbe öntjük, jól felforrósítjuk, majd hozzáadjuk a fűszerpasztát. Keverjük össze és süssük 30 másodpercig, hogy a fűszerek ne égjenek meg. Gyorsan, de óvatosan (kiköphet!) adjuk hozzá a vizet és a paradicsompürét, hogy a fűszerek ne főjenek. Forraljuk fel, és adjuk hozzá a cukrot, a citromlevet, a ¾ teáskanál sót és egy kis borsot. Kóstoljuk meg a fűszerezéshez.

d) Tegye a halat a szószba, forralja fel enyhén lassú tűzön, fedje le az edényt, és süsse a hal méretétől függően 7-11 percig, amíg éppen kész. A serpenyőt levesszük a tűzről, levesszük a fedőt, és hagyjuk kihűlni. A halat melegen vagy szobahőmérsékleten tálaljuk. Díszítsen minden adagot korianderrel és citromkarikával.

97. Pácolt édes-savanyú hal

Gyártmány: 4

ÖSSZETEVŐK
- 3 evőkanál olívaolaj
- 2 közepes hagyma, 1 cm-es szeletekre vágva (3 csésze / 350 g összesen)
- 1 evőkanál koriandermag
- 2 paprika (1 piros és 1 sárga), hosszában félbevágva, kimagozva, és 1 cm széles csíkokra vágva (3 csésze / összesen 300 g)
- 2 gerezd fokhagyma, összetörve
- 3 babérlevél
- 1½ evőkanál curry por
- 3 paradicsom apróra vágva (2 csésze / 320 g összesen)
- 2½ evőkanál cukor
- 5 evőkanál almaecet
- 1 font / 500 g pollock, tőkehal, laposhal, foltos tőkehal vagy más fehér halfilé, 4 egyenlő részre osztva
- fűszerezett univerzális liszt, porozáshoz
- 2 extra nagy tojás felverve
- ⅓ csésze / 20 g apróra vágott koriander

sót és frissen őrölt fekete borsot

UTASÍTÁS
a) Melegítse elő a sütőt 375°F / 190°C-ra.
b) Melegítsünk fel 2 evőkanál olívaolajat egy nagy, tűzálló serpenyőben vagy holland sütőben közepes lángon. Hozzáadjuk a hagymát és a koriandermagot, és gyakran kevergetve 5 percig főzzük. Adjuk hozzá a paprikát, és főzzük további 10 percig. Adjuk hozzá a fokhagymát, a babérlevelet, a curryport és a paradicsomot, és főzzük további 8 percig, időnként megkeverve. Adjuk hozzá a cukrot, az ecetet, 1½ teáskanál sót és egy kis fekete borsot, és főzzük tovább további 5 percig.
c) Közben a maradék 1 evőkanál olajat egy külön serpenyőben közepes-magas lángon felhevítjük. A halat megszórjuk sóval, belemártjuk a lisztbe, majd a tojásba, és kb. 3 percig sütjük,

egyszer megforgatva. Tegye át a halat papírtörlőre, hogy felszívja a felesleges olajat, majd tegye a serpenyőbe a paprikával és a hagymával, és tolja félre a zöldségeket, hogy a hal a serpenyő alján üljön. Adjon hozzá annyi vizet, hogy a halat (körülbelül 1 csésze / 250 ml) belemerítse a folyadékba.

d) Helyezze a serpenyőt a sütőbe 10-12 percre, amíg a hal megsül. Vegyük ki a sütőből és hagyjuk szobahőmérsékletűre hűlni. A hal most már tálalható, de valójában egy-két nap hűtőben tartás után jobb. Tálalás előtt kóstoljuk meg, sózzuk, borsozzuk, ha szükséges, és díszítsük korianderrel.

98. Pirospaprika és sült tojásgalette

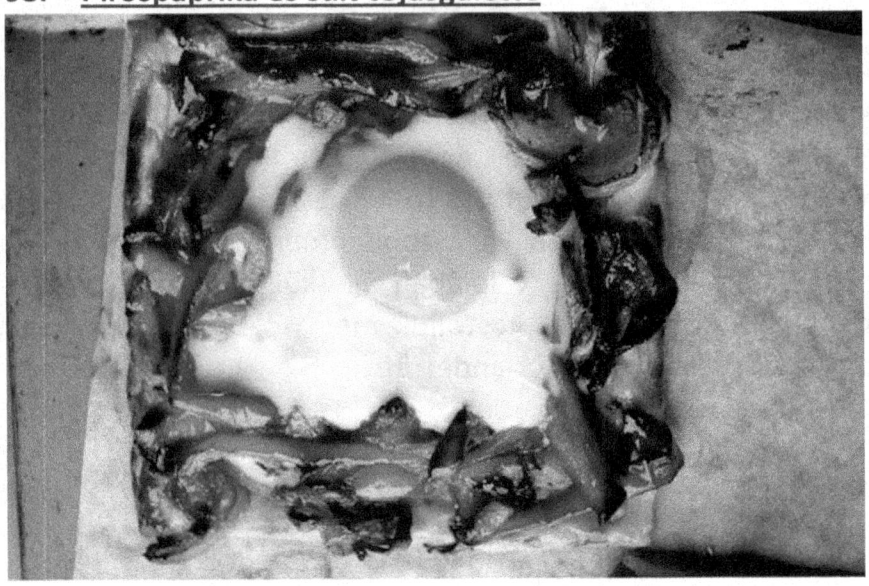

Gyártmány: 4

ÖSSZETEVŐK

- 4 közepes piros paprika, félbevágva, kimagozva és 1 cm széles csíkokra vágva
- 3 kis hagyma, félbevágva és ¾ hüvelyk / 2 cm széles szeletekre vágva
- 4 kakukkfű gally, levele leszedve és felaprítva
- 1½ teáskanál őrölt koriander
- 1½ teáskanál őrölt kömény
- 6 evőkanál olívaolaj, plusz extra a befejezéshez
- 1½ evőkanál lapos levelű petrezselyemlevél, durvára vágva
- 1½ evőkanál korianderlevél, durvára vágva
- 250 g legjobb minőségű, csupa vajas leveles tészta
- 2 evőkanál / 30 g tejföl
- 4 nagy szabadtartású tojás (vagy 5½ oz / 160 g feta sajt, morzsolva), plusz 1 tojás, enyhén felverve
- sót és frissen őrölt fekete borsot

UTASÍTÁS

a) Melegítsük elő a sütőt 400°F / 210°C-ra. Egy nagy tálban keverjük össze a paprikát, hagymát, kakukkfű leveleket, őrölt fűszereket, olívaolajat és egy jó csipet sót. Egy serpenyőben kinyújtjuk, és 35 percig sütjük, közben párszor megkeverjük. A zöldségeknek puhának és édesnek kell lenniük, de nem túl ropogósak vagy barnák, mert tovább sülnek. Vegyük ki a sütőből, és keverjük hozzá a friss fűszernövények felét. Kóstoljuk meg a fűszerezést, és tegyük félre. Melegítse a sütőt 220°C-ra.

b) Enyhén lisztezett felületen nyújtsa ki a leveles tésztát egy 12 hüvelykes / 30 cm-es, körülbelül 3 mm vastagságú négyzetre, és vágja négy darab 15 cm-es négyzetre. Szurkáljuk meg villával a négyzeteket, és tegyük jó távolságra sütőpapírral bélelt tepsire. Hűtőben pihentetjük legalább 30 percig.

c) A tésztát kivesszük a hűtőből, a tetejét és az oldalát megkenjük felvert tojással. Egy eltolt spatula vagy egy kanál háta segítségével kenjen meg 1½ teáskanál tejfölt minden négyzetre, hagyva a szélein 0,5 cm-es szegélyt. A tejföllel bevont négyzetek tetejére 3 evőkanál borskeveréket helyezünk, hagyjuk, hogy a szegélyek megemelkedjenek. Meglehetősen egyenletesen kell elosztani, de hagyjunk a közepén egy sekély mélyedést, hogy később beleférjen egy tojás.

d) A galettet 14 percig sütjük. Vegyük ki a tepsit a sütőből, és óvatosan törjünk bele egy egész tojást a tészta közepén lévő mélyedésbe. Tegyük vissza a sütőbe, és süssük további 7 percig, amíg a tojások megpuhulnak. Megszórjuk fekete borssal és a maradék fűszernövényekkel, és meglocsoljuk olajjal. Egyszerre tálaljuk.

99. Hannukah Tégla

Gyártmány: 2

ÖSSZETEVŐK

- körülbelül 1 csésze / 250 ml napraforgóolaj
- 2 kör feuilles de brick tészta, 10-12 hüvelyk / 25-30 cm átmérőjű
- 3 evőkanál apróra vágott lapos petrezselyem
- 1½ evőkanál apróra vágott zöldhagyma, zöld és fehér részek is
- 2 nagy szabadtartású tojás
- sót és frissen őrölt fekete borsot

UTASÍTÁS

a) Öntsük a napraforgóolajat egy közepes serpenyőbe; körülbelül 2 cm-rel feljebb kell lennie a serpenyő oldalán. Közepes lángra tesszük, és hagyjuk, amíg az olaj felforrósodik. Ne akarja, hogy túl forró legyen, különben a tészta megég, mielőtt a tojás megfő; apró buborékok kezdenek megjelenni a felszínen, amikor eléri a megfelelő hőmérsékletet.

b) Helyezze az egyik tésztakört egy sekély tálba. (Ha nem akarunk sok péksüteményt pazarolni, használhatunk nagyobb darabot, és többet tölthetünk bele.) Gyorsan kell dolgozni, hogy a tészta ne száradjon ki és ne váljon merevvé. Tegye a petrezselyem felét a kör közepére, és szórja meg a zöldhagyma felével. Hozz létre egy kis fészket, amelyben egy tojást pihentetsz, majd óvatosan törj bele egy tojást a fészekbe. Bőségesen megszórjuk sóval és borssal, és a tészta oldalát behajtjuk, hogy egy csomagot kapjunk. A négy hajtás átfedi egymást, így a tojás teljesen be van zárva. A péksüteményt nem lehet lezárni, de egy ügyes hajtogatással bent kell tartani a tojást.

c) Óvatosan fordítsa meg a csomagot, és óvatosan helyezze az olajba, a lezárt oldalával lefelé. Mindkét oldalát 60-90 másodpercig sütjük, amíg a tészta aranybarna nem lesz. A tojásfehérjét meg kell kötni, a sárgáját pedig még folyósnak kell lennie. Emelje ki a megsült csomagot az olajból, és tegye papírtörlő közé, hogy felszívja a felesleges olajat. Tartsa melegen, amíg elkészíti a második péksüteményt. Mindkét csomagot egyszerre szolgálja fel.

100. Sfiha vagy Lahm Bi'ajeen

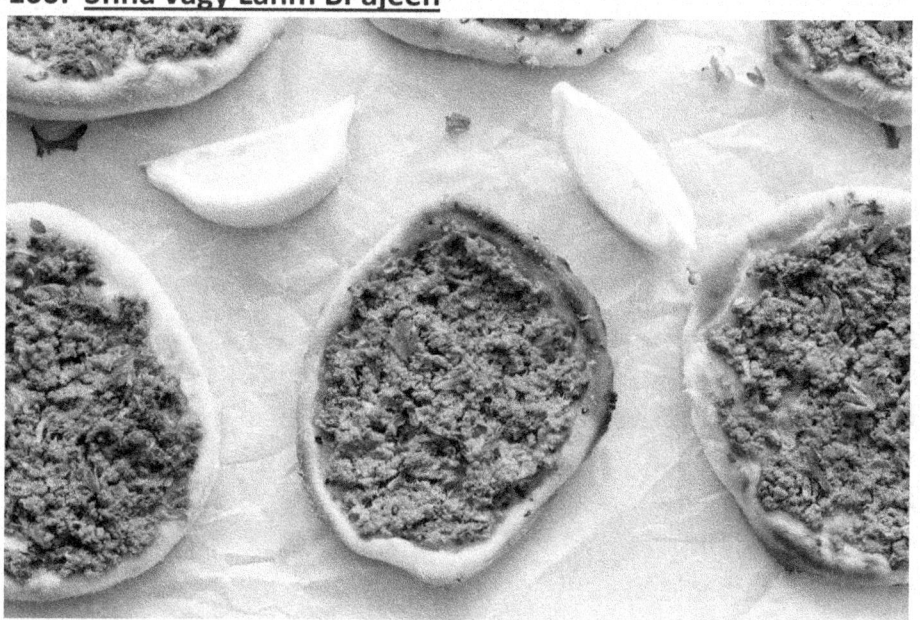

Készítmény: Körülbelül 14 PÜTEMÉNY

FELTÉTEL

ÖSSZETEVŐK
- 250 g darált bárányhús
- 1 nagy hagyma, apróra vágva (1 púpozott csésze / összesen 180 g)
- 2 közepes paradicsom apróra vágva (1½ csésze / 250 g)
- 3 evőkanál világos tahini paszta
- 1¼ teáskanál só
- 1 tk őrölt fahéj
- 1 tk őrölt szegfűbors
- ⅛ tk cayenne bors
- 1 uncia / 25 g lapos petrezselyem, apróra vágva
- 1 evőkanál frissen facsart citromlé
- 1 evőkanál gránátalma melasz
- 1 evőkanál szömörce
- 3 evőkanál / 25 g fenyőmag
- 2 citrom szeletekre vágva

TÉSZTA
- 1⅔ csésze / 230 g kenyérliszt
- 1½ evőkanál tejpor
- ½ evőkanál só
- 1½ teáskanál gyorsan kelő aktív száraz élesztő
- ½ teáskanál sütőpor
- 1 evőkanál cukor
- ½ csésze / 125 ml napraforgóolaj
- 1 nagy szabadtartású tojás
- ½ csésze / 110 ml langyos víz
- olívaolaj, fogmosáshoz

UTASÍTÁS
a) Kezdje a tésztával. A lisztet, a tejport, a sót, az élesztőt, a sütőport és a cukrot egy nagy keverőtálba tesszük. Jól keverjük

össze, majd készítsünk mélyedést a közepébe. Tegye a napraforgóolajat és a tojást a mélyedésbe, majd keverje össze, miközben hozzáadja a vizet. Amikor a tészta összeállt, tegyük át egy munkalapra, és dagasszuk 3 percig, amíg rugalmas és egynemű nem lesz. Egy tálba tesszük, megkenjük egy kevés olívaolajjal, meleg helyen letakarjuk egy törülközővel, és 1 órát állni hagyjuk, ekkor a tésztának kicsit meg kellett volna kelnie.

b) Egy külön tálban keverje össze kézzel az öntet összes hozzávalóját, kivéve a fenyőmagot és a citromkarikákat. Félretesz, mellőz.

c) Melegítsük elő a sütőt 230 °C-ra. Egy nagy tepsit kibélelünk sütőpapírral.

d) Osszuk a megkelt tésztát 50 g-os golyókra; körülbelül 14-nek kell lennie. Nyújtson ki minden golyót körülbelül 5 hüvelyk / 12 cm átmérőjű és 2 mm vastag körré. Mindegyik kört mindkét oldalát megkenjük olívaolajjal, és a tepsire helyezzük. Fedjük le és hagyjuk kelni 15 percig.

e) Egy kanál segítségével osszuk el a tölteléket a péksütemények között, és oszlassuk el egyenletesen úgy, hogy teljesen ellepje a tésztát. Megszórjuk a fenyőmaggal. Tedd félre kelni további 15 percig, majd tedd be a sütőbe kb. 15 percre, amíg meg nem sül. Győződjön meg arról, hogy a péksütemény éppen megsült, nem pedig túlsült; a feltét belül enyhén rózsaszín legyen, a tészta pedig aranysárga legyen az alsó része. A sütőből kivéve melegen vagy szobahőmérsékleten a citromkarikákkal együtt tálaljuk.

KÖVETKEZTETÉS

A hanukai receptek elengedhetetlen részei ennek a különleges ünnepnek. Összehozzák a családokat és a barátokat, hogy ízletes, hagyományos ételeket kóstolhassanak meg, amelyek generációkon át öröklődnek. A ropogós latkestól az édes sufganiyotig ezek a receptek tele vannak ízekkel és szimbolikával. Jelképezik az olaj csodáját, a családi összejövetelek melegét és a hagyományokkal átitatott ünnep örömét. Akár Hanukát ünnepli, akár egyszerűen csak valami újat szeretne kipróbálni, ezek a receptek csodálatos módja annak, hogy megtapasztalja a zsidó kultúra és konyha gazdagságát és mélységét.

www.ingramcontent.com/pod-product-compliance
Lightning Source LLC
LaVergne TN
LVHW021655060526
838200LV00050B/2364